LAURA ASHLEY

la Maison de Campagne

LAURA ASHLEY

la Maison de Campagne

TEXTE ORIGINAL DE

LORRIE MACK

LUCINDA EGERTON

JANE NEWDICK

ADAPTATION FRANÇAISE DE

FRANCE VALENTINI

PHOTOGRAPHIES DE

JAMES MERRELL

GRÜND

Adaptation française de France Valentini
Texte original de Lorrie Mack, Lucinda Egerton et Jane Newdick
Photographies de James Merrell
Secrétariat d'édition : Monique Souchon

Première édition française 1994 Librairie Gründ

ISBN : 2-7000-5391-5
Dépôt légal : septembre 1994
Édition originale 1992 par George Weidenfeld & Nicolson Ltd sous le titre original *Laura Ashley Guide to Country Decorating*

Direction artistique et maquette : Robin Rout / Photograft avec la collaboration de Nick Avery
Photocomposition : CRG, Paris
Imprimé en Italie par Printers Srl
Relié par L.E.G.O.

Sommaire

CHARTS

Le style campagnard

L'esprit de la campagne

Nous vivons une époque mercantile. Et bien des gens aspirent à une vie moins trépidante, plus sereine et plus civilisée, à la campagne. À la campagne, les maisons - et l'existence que l'on y mène - font corps avec la nature, les éléments, la terre. Toutes ont des points communs, quelles que soient leur taille, leur valeur, l'endroit où elles se trouvent.

L'ATMOSPHÈRE

Le style rustique est simple, sans façons et sans prétention, composé d'éléments qui ne sont pas nécessairement « tendance », chers, rares ou anciens. Pas de pièces décorées dans un style bien défini, mais une évolution lente, un aspect éclectique, avec du mobilier de provenances diverses, qui reflète bien plus les exigences de la vie rurale que les caprices de la mode. Chaleureuses, conviviales et accueillantes, les maisons de campagne sont avant tout pratiques car leurs propriétaires, aussi nantis soient-ils, vivant de connivence avec la nature, s'entourent de matériaux robustes et faciles à entretenir. La présence d'animaux domestiques, même s'il s'agit seulement d'un gros chien à poil long, le montre bien.

Par définition, les maisons de campagne ne sont pas des endroits solennels, grandioses, et l'impression qu'elles donnent d'être hors du temps vient de ce qu'elles nous procurent un véritable havre de paix, un lieu de vie où se ressourcer.

CI-CONTRE *Sur le seuil de la porte, il fait bon contempler le miracle de la nature qui déploie ses couleurs au-delà des clôtures.*

CI-DESSUS *Petits bouquets de fleurs coupées et géraniums-lierre font une magnifique transition entre la maison et le jardin.*

L'ESPRIT DES LIEUX

À la campagne, intérieur et extérieur se confondent parfois. Quand il fait beau, portes et fenêtres restent ouvertes pour faire entrer le soleil et les parfums du jardin. Tout au long de l'année, cette interpénétration peut être accentuée par les détails de l'architecture ou par le choix du mobilier, avec des matériaux naturels, propres à la région : murs lambrissés, meubles en bois rustiques, sol en pierre dans l'entrée ou la cuisine, solides plans de travail en ardoise, tissus d'ameublement et couvertures épaisses et chaudes, en laine naturelle.

Outre leur apparence, ces matériaux associés aux cotonnades, au lin un peu rèche, à la brique rugueuse, aux tapis de paille, aux carreaux de faïence doux et brillants, aux plâtres irréguliers créent des contrastes de textures naturelles, qui font le charme du style rustique traditionnel.

Les teintes, elles aussi, sont naturelles : point de couleurs primaires qui se heurtent, de tons criards, de recherches savantes pour trouver des coloris glauques. La palette champêtre authentique décline les crème, les nuances de blanc, les tons de terre et les pastels, ponctués de vert sapin et de vert feuille, de bleu ciel et de bleu ardoise et des éclairs joyeux des fleurs des champs.

Car les fleurs sont partout présentes. Non pas des spécimens exotiques et tropicaux, mais des variétés saisonnières fraîchement cueillies dans le jardin ou dans les champs, massées dans un pichet ou dans un petit vase, et non pas disposées dans un récipient richement décoré. En guise de bibelots, vanneries, poteries, sculptures trouvées dans les foires artisanales des environs, ou simplement pommes de pin, galets polis par la mer ou branches aux couleurs incandescentes de l'automne, ont remplacé les porcelaines délicates et les précieuses boîtes en argent.

LA RONDE DES SAISONS

Hormis événement exceptionnel dû aux caprices du temps, la vie des citadins est peu perturbée par les changements de

saisons. À la campagne, en revanche, le passage de l'été à l'hiver bouleverse l'existence. Pour réchauffer un jour de tempête, le feu crépite et flambe dans la cheminée ; à proximité, un panier profond contient des bûches odorantes, coupées dans la forêt, détaillées en tronçons maniables et longuement séchés. D'épais rideaux, suspendus à de robustes tringles, descendent jusqu'au sol, protégeant portes et fenêtres. Cantonnières, drapés, franges ou embrasses à glands seraient bien superflus, puisque l'essentiel est de se protéger du vent glacial. De la même manière, les sols sont isolés par d'épais tapis et sur les canapés et les fauteuils profonds s'empilent des châles et des plaids, chauds et douillets.

Au retour des beaux jours, les maisons et leurs occupants se dépouillent de tous ces attributs de l'hiver. Portes et fenêtres s'ouvrent à l'air frais et la vie à l'extérieur redevient un prolongement de la vie dans la maison.

LA MARQUE DU TEMPS

Jadis, l'argent était rare chez les paysans qui vivaient de leurs terres et fabriquaient eux-mêmes les objets utilitaires. Ils s'acquittaient de ces tâches pendant les longues soirées d'hiver, avant l'avènement de la télévision. Le produit de cet artisanat domestique, pratiqué dès l'enfance - fabrication de chandelles, crochet, patchwork, kilt, tapis noués - composait le décor de bien des maisons rurales. Et puisqu'il était vital d'économiser ses ressources, ces objets étaient souvent faits de matériaux recyclés. Tapis et couvre-lits en patchwork retraçaient l'histoire de la famille puisqu'on les confectionnait avec des vêtements ou du linge usagés, aux couleurs passées, mais que l'on avait précieusement conservés.

CI-CONTRE *L'aspect rustique de cette entrée met en valeur une collection de faïence et de porcelaine : tasses et pichets, bols blancs et poteries modernes, s'avèrent à la fois décoratifs et utilitaires.*

CI-DESSUS *À la campagne, la cheminée sert à chauffer la cuisine, mais aussi à faire cuire les aliments et à les conserver chauds. Ici, trois casseroles et une bouilloire font bon usage de l'ardente flambée.*

EN HAUT *Capitonnés d'un simple coutil noir et blanc, canapés et fauteuils anciens s'habillent d'une fraîcheur très champêtre.*

Le décor, lui aussi, était artisanal : murs recouverts à chaque printemps, d'un grossier badigeon ou décorés, selon la tradition, d'une frise ou d'un motif reproduit au pochoir ou dessiné à la main. De la même manière, un plancher peint ou un carrelage bien posé reflétait la créativité individuelle et non la production de masse. Presque toutes les cuisines campagnardes témoignent d'un labeur incessant de mise en bocaux, en conserve, en bouteilles : occupant la moindre étagère, les fruits et les légumes, des cornichons aux confitures, permettent de profiter toute l'année des produits du jardin.

DU RÊVE À LA RÉALITÉ

Si le fantasme de vivre à la campagne nous saisit soudain, nous avons tendance à oublier les vicissitudes inhérentes à la vie rurale : les inconvénients, l'inconfort, l'adversité...

Pour jouir de la sérénité et des plaisirs de la campagne sans en subir les inconvénients, il suffit d'adopter chez soi le style rustique, marqué, bien sûr, par de nombreuses variantes nationales et régionales. Nous les retrouverons dans le chapitre suivant, par zones d'influence, des plus éternelles aux plus répandues, avec leur esprit, leurs racines et leurs caractéristiques visuelles. Ces ambiances sont, pour la plupart, simples, d'une portée pratique, faciles à recréer dans tout intérieur.

Une demeure anglaise

En Angleterre, les propriétaires d'une maison de campagne, contrairement à ceux qui vivent dans un *cottage*, ont généralement un bon niveau de revenus. Qu'ils soient aristocrates établis dans leur manoir, ou agriculteurs dans leur ferme, même s'ils possèdent une petite maison ou un appartement en ville, ils vivent et travaillent dans un environnement rural. La situation est différente en France, en Italie ou aux États-Unis où la plupart des maisons de campagne sont devenues des lieux de vacances et de week-end.

Les murs de la maison anglaise traditionnelle sont peints, lambrissés ou tapissés d'un papier peint de bon ton - fleurs simples ou rayures et non bouquets dorés, scènes exotiques ou formes géométriques de couleurs vives. Dans les pièces de réception, les motifs seront plus grands que dans les chambres.

Le sol - plancher, pierre, brique ou carrelage brut - reste nu dans les cuisines et les entrées qui sont des endroits de passage. Dans le salon, la salle à manger

CI-DESSUS *Dans cette chambre d'un grand classicisme, une vaste baignoire en cuivre, destinée aux ablutions matinales, a été installée dans l'alcôve de la fenêtre gothique. Très pratiques, les robinets fixés au mur et en plein centre, libèrent les deux côtés de la baignoire et sont faciles d'accès. Le motif discret du couvre-lit blanc s'efface sous les riches bois dorés et les drapés opulents.*

CI-CONTRE *La plupart des belles demeures campagnardes ont été construites avant l'avènement des salles de bains séparées. Certaines chambres à coucher ont donc été transformées en salles d'eau grandioses, aux éléments architecturaux imposants, et décorées comme des salons. Ici, les couleurs somptueuses, les rideaux de velours épais et les lambris sombres confèrent à la pièce une ambiance plus luxueuse que fonctionnelle.*

et les chambres où confort et chaleur sont essentiels, il s'habille de grands tapis, souvent orientaux, ou d'un revêtement de fibres naturelles, lui aussi recouvert de tapis.

Destinées à encadrer paysage champêtre, les fenêtres sont souvent très grandes et protégées des hivers parfois sévères par des rideaux à forte capacité d'isolation. On obtient la texture adéquate en doublant les rideaux, après avoir garni l'intérieur d'un épais molleton. Gagnez la bataille contre les courants d'air et donnez une touche d'authenticité à vos rideaux en les coupant plus long que nécessaire, de façon à ce qu'ils « cassent » sur le sol.

Préférez aux soies et aux brocarts, le coton, et le lin ou la laine pour habiller vos sièges. Le chintz, indissociable aujourd'hui du style rustique, n'a eu accès aux pièces principales que depuis quelques décennies. Ses fleurs, imprimées à la main et importées des Indes, ornaient pourtant les chambres à coucher dès le XVIIe siècle. Sachez en user avec parcimonie : ne cédez pas à la tentation de coordonner le sofa à la nappe et aux rideaux ou d'en abuser sous forme de bordures, de passepoils et de volants. Cette surcharge, chère aux décorateurs, trouve rarement sa place dans un décor traditionnel anglais.

Le mobilier, confortable et robuste, est un mélange d'héritage familial et d'objets plus récents, fabriquées par des artisans locaux. Les chaises, les tables et les grands canapés occupent naturellement l'espace dans des pièces plutôt grandes, où de petits meubles délicats ne trouveraient pas leur place. Les larges sièges, généreusement capitonnés, sont tapissés de cuir vieilli ou recouverts de housses très résistantes en coton ou en toile de lin. En chêne ou en acajou plutôt qu'en pin, les meubles sont plus traditionnels que rustiques. Disposés sans cérémonie, ils forment, dans chaque pièce, un décor plutôt confortable et relativement désorganisé, ponctué par des fleurs, des livres, des photographies et des tableaux. La présence de bibelots exotiques suggère souvent une carrière aux colonies ou quelque voyage en pays lointain.

CI-CONTRE *Dans ce gigantesque salon à l'atmosphère victorienne tardive, la bibliothèque a été construite dans une boiserie d'église, tandis que la table de billard peut être abaissée et transformée, au moment opportun, en table de salle à manger à dix couverts. Suspendus à une grosse tringle en cuivre, les longs rideaux bordés de passementerie s'écartent largement pour révéler une fenêtre à ogive.*

Traditionnel cottage

Tout comme les riches demeures, les *cottages* se révèlent confortables, pratiques et sans ostentation. Leur origine étant plus modeste, ils sont cependant plus humbles d'aspect, de dimensions et de matériaux.

Avec un mobilier robuste, fonctionnel et bien fait, mais dépourvu de toute ornementation excessive, ils paraissent souvent irrésistiblement chaleureux et accueillants malgré leur air parfois vieillot et suranné.

Les murs en pierre brute sont crépis ou chaulés, ou recouverts d'un lambris sobre - simple assemblage à rainures et languettes.

Les pièces principales sont très rarement tapissées, mais dans les chambres, rien n'est plus charmant, qu'un papier peint à fond clair, orné d'un motif simple et discret.

Si les poutres apparaissent, elles sont en bois naturel et non peintes en noir. Cette tentative maladroite pour reproduire le noir de fumée ne fait qu'alourdir leur aspect dans la plupart des cas. Si vous ne pouvez les décaper, peignez-les de couleur claire, comme les murs ou le plafond, ce qui mettra en valeur leur relief intéressant.

Pierre ou plancher recouvrent le sol. Pour respecter l'authenticité, peignez le plancher, comme les murs, d'une tendre couleur crème, car avant l'invention de produits chimiques capables de détruire les parasites, la peinture était l'unique protection des bois vulnérables. Cependant, les reflets soyeux d'un plancher en bois naturel, ciré et poli avec amour, sont fidèles, eux aussi, au charme et à l'esprit du style rustique : l'on ne saurait en dire autant des planchers naturels, généreusement vitrifiés, ceci afin d'en faciliter l'entretien !

Par tradition, les fenêtres des maisons rurales sont petites, encastrées dans les murs et garnies de simples rideaux froncés, suspendus à des tringles de bois, de cuivre ou de fer. Dans l'idéal, la tringle doit dépasser de chaque côté de façon à ce que les rideaux dégagent parfaitement la fenêtre et laissent entrer le maximum de lumière. Courts plutôt que traînant par terre, ils ne pendent surtout pas à mi-hauteur, entre le rebord de la fenêtre et le plancher.

Pas tout à fait traditionnelles, mais parfaitement ravissantes, deux courtepointes grandes ou petites, ou bien une seule, tirée sur un côté, peuvent se transformer en rideaux et leur beau tombé protégera efficacement des courants d'air. Une jolie courtepointe peut aussi recouvrir une table, draper un fauteuil ou habiller un mur à la manière d'une tapisserie (*voir* illustrations et idées données pages 54-57).

Les tissus d'ameublement rustiques, d'aspect quasi artisanal, sont le plus souvent unis, à carreaux, ou à rayures comme le coutil.

Point de passementeries extravagantes sur les housses, les coussins ou les rideaux, mais, çà et là, un passepoil discret ou une bordure de dentelle dans la chambre à coucher.

Le mobilier en bois blanc, généralement en pin, peu onéreux et facile à trouver, remplace le noyer ou l'acajou bien cirés.

Là encore, la peinture apporte le fini traditionnel, parfois enjolivée de motifs peints à la main, mais le bois naturel et encaustiqué est également très beau. Remarquez toutefois que la plupart des meubles en pin sont aujourd'hui souvent revêtus d'un vernis brillant qui ne permet plus d'obtenir cette soyeuse patine, récompense de nombreuses années d'encaustique !

Les chaises paillées à barreaux, les

CI-DESSOUS *Dans ce petit salon campagnard sans prétention, un coffre imposant renferme assez de bûches pour faire face au froid le plus coriace. Poutres sombres au plafond et plancher bien ciré sont en accord parfait et pour agrandir visuellement la surface au sol, la plinthe a été décapée et coordonnée au plancher plutôt que peinte de la couleur du mur. Les rideaux imprimés du motif* Voleur de Fraises *de William Morris, sont suspendus à une solide tringle de cuivre.*

tables et les tabourets à trois pieds, conçus pour demeurer stables même sur un sol inégal, sont de lignes simples et de construction solide.

Quelques accessoires, plus utilitaires que décoratifs, complètent le décor : des corbeilles pour entasser les bûches ou pour stocker le tricot en cours, des tapis et des plaids pour tenir chaud et des chandelles pour donner à la pièce une lumière intime, pleine de poésie.

CI-DESSUS *Séparées et aménagées en cottage, les cuisine et arrière-cuisine de ce manoir fin* XVIIe *offrent un décor idéal à un déjeuner d'été. Ni les murs écaillés et décolorés, ni le mobilier dépareillé, ni le sol aux dalles de pierre irrégulières n'altèrent le charme de la pièce. Les dalles ont été posées à même la terre battue, puisque ce genre de construction ne possède pas de fondations. Les rideaux anciens en coton et leur minuscule cantonnière, encadrent la fenêtre profondément encastrée. Ils ont été découverts sur un marché français, mais le style et l'imprimé sont parfaitement anglais.*

Voyage en Provence

Enveloppé de chaleur et baigné par l'éblouissant soleil du Midi, le style provençal, élégant, simple et dépouillé, évoque plus la ferme cossue que le noble manoir ou la maison modeste. Demeure provençale traditionnelle, le mas est une petite ferme aux murs épais en pierre, conçus pour isoler de la forte chaleur. Et si la famille se retrouve souvent dans la cuisine, ce n'est pas pour s'y réchauffer, comme sous des cieux moins clément, mais pour y préparer et partager les repas, qui sont si chers au cœur des Provençaux.

CI-DESSOUS *Appliqué en couche épaisse sur les murs et la cheminée de cette ferme, le crépi a été poinçonné, avant qu'il ne sèche, d'un grand motif en losanges. Près de la cheminée, un fauteuil en lamelles de châtaignier, tressées et fixées sur une armature également en châtaignier, permet de profiter du feu.*

C'est sans doute la couleur qui caractérise le mieux la Provence, chaque élément décoratif rivalisant d'intensité et de brillance. Les coloris s'inspirent de ceux de la flore environnante, encore enrichis par la lumière claire et crue. Dans ces grandes pièces au plafond bas, les murs unis offrent des nuances d'or bruni, de rose intense, d'abricot mûr, de beurre frais ou de miel. Même les tons froids, lavande ou violet, qui paraîtraient glacials sous d'autres cieux, brillent d'un chaleureux éclat.

Le sol, traditionnellement des carreaux en terre cuite de fabrication locale, est parsemé de petits tapis en camaïeu. Les murs de la cuisine sont souvent carrelés de faïence, noire et blanche disposée en damier. La région comptant de nombreuses manufactures, la faïence est largement utilisée sur les murs, les plans de travail ou les plateaux de table, en blanc, en couleurs unies, ou bien décorée d'un motif simple et coloré. À l'étage, où les tommettes seraient trop lourdes, on trouve des planchers naturels ou teintés.

Le décor provençal est certes moins chargé que celui d'un cottage anglais, sans doute parce que l'on vit beaucoup dehors, même au moment des repas. Le mobilier imposant et solide, n'est jamais voyant, mais toujours généreux avec ses courbes gracieuses et ses lignes pures. Caractéristique du style, l'immense armoire « à tout ranger » bien utile dans toutes les pièces de la maison. Comme le

reste du mobilier, elle est en noyer, merisier ou autre bois fruitier de la région, joliment sculptée ou, dans les familles plus modestes, peinte et ornée de motifs naïfs, décolorés par le temps.

Mais l'élément le plus connu, sans doute, du style provençal, reste l'imprimé de coton aux petits motifs de couleurs vives, inspiré des indiennes du XVIIe siècle. Fabriqué à Tarascon depuis plus de deux cents ans, il habille la maison de housses, de boutis (couvertures surpiquées), de nappes (disponibles en toile cirée pour la cuisine) et de coussins. Les rideaux, en coton provençal, en coton blanc ou en dentelle sont toujours suspendus à de simples tringles de bois, quant aux persiennes, elles protègent bien du mistral.

Les fleurs jouent un très grand rôle : hortensias, géraniums, tournesols et glycines poussent partout librement, mais c'est la lavande, largement exportée, qui symbolise la région. Plantée en bacs ou séchée dans des paniers, elle emplit toute la maison du parfum de la Provence.

CI-DESSUS *Dans cette salle à manger d'été, les murs peints d'une subtile nuance d'ocre clair contrastent joliment avec l'armoire et la porte bleu lavande. La table superpose les cotonnades provençales imprimées de couleurs vives tandis que les citrons et les lavandes animent naturellement le décor.*

CI-DESSUS *Cette entrée aux murs de crépi clair est parsemée de corbeilles et paniers débordant de victuailles pour le dîner. Elle réunit divers éléments décoratifs propres au style toscan : utilisation généreuse du bois pour le plafond et l'escalier, du fer forgé délicatement ouvragé pour la balustrade et les appliques, sol frais en pierre ocrée. Sur le mur, une fresque très élaborée illustre une scène culinaire, sans doute peu différente de celle qui va se dérouler.*

CI-CONTRE *Cette fresque, moins grandiose que la précédente, fait partie des rénovations apportées au* XVIe *siècle à une tour fortifiée du* XIVe *siècle. Peinte, comme toutes les fresques, à l'aquarelle sur le plâtre humide, elle représente des tiges, des feuilles, des fleurs et des fruits stylisés. Ornant toute la surface murale d'une chambre au sol carrelé de terre cuite, ces motifs symbolisent la production du domaine, sa richesse et sa fertilité.*

Le goût de la Toscane

Comme en Provence, les maisons toscanes sont d'anciennes fermes aux épais murs de pierre dont les grandes pièces restent fraîches sous les fortes chaleurs. Mais le climat est moins contrasté, et de grandes terrasses donnent sur le jardin et la campagne environnante.

La couleur est aussi très importante, bien que moins intense. Les tons de terre très doux dominent : roses pâles, bruns et beiges, mais les plus caractéristiques sont les ocres jaunes et rouges, qui paraissent gorgés de soleil. À l'intérieur, les murs crépis puis badigeonnés d'une couleur intense, se sont peu à peu décolorés, comme battus par les intempéries. Les sols en brique, en carreaux de terre cuite ou de faïence, ou en pierre gris-bleu de la région, la *pietra serena,* sont frais aux pieds.

Sous leurs dehors rustiques, les intérieurs toscans arborent un certain classicisme, dû à leur sobriété, mais aussi à l'agencement du mobilier, aligné le long des murs à la manière du XVIIIe siècle. La Toscane étant une région très boisée, les châtaigniers fournissent le bois des meubles, plutôt grands et solides comme dans la plupart des campagnes, mais élégants aussi et de ligne classique. Les plus belles pièces sont laissées naturelles, puis encaustiquées ; celles en bois moins noble sont maquillées de *tempera magra,* une peinture à l'eau, très diluée et mate. Cette technique, utilisée depuis des siècles sur les meubles ordinaires, permet de leur donner un fini ouvragé, de les peindre de fleurs ou de paysages de rêve. Destinée, à l'origine, à imiter les marqueteries compliquées, trop coûteuses, elle convient parfaitement aux meubles en bois blanc ou décapés. Outre les tables et les coffres massifs, on trouve également des quantités de chaises légères, que l'on emporte sur la terrasse ou au jardin.

Persiennes ou rideaux font barrage au grand soleil et si les tissus d'intérieur sont souvent plus épais et luxueux que dans d'autres pays, ils demeurent pourtant sobres : rayés, ornés d'un motif tissé ton sur ton ou enrichis d'une broderie à la main. Les rideaux sont également classiques, longs et retenus par d'élégantes embrasses. Très typique, le fer forgé des grilles qui ornent les fenêtres est travaillé localement et sert aussi à fabriquer des têtes de lit.

La couleur ocre est celle de l'argile de Toscane que l'on transforme en tuiles et en tommettes non vernissées, mais aussi en poteries pour les fleurs. À l'intérieur comme à l'extérieur, le décor ne serait pas complet sans une collection de jarres en terre, plantées de citronniers ou bien de thym odoriférant.

CI-CONTRE *Badigeonnés à la détrempe rose bruni, traditionnelle en Toscane, ces murs crépis mettent en valeur la beauté chaleureuse des poutres qui, décapées, ont retrouvé leur teinte naturelle, des meubles encaustiqués et du sol en brique. Les volets, peints en vert et le couvre-lit richement brodé fournissent des touches discrètes de couleur intense.*

CI-DESSOUS *Installée dans une chapelle abandonnée, cette grande chambre ensoleillée a conservé pour fenêtres les arcs plein cintre d'origine. Entre les deux, une colonne en travertin qui provient d'une carrière locale et recouvre également le sol et les murs, tout en habillant magnifiquement la baignoire.*

Le Bassin méditerranéen

Comme toutes les maisons des pays chauds, celles du Bassin méditerranéen sont conçues pour rester fraîches : toujours on y retrouve les murs épais, les carrelages ou les dallages, les petites fenêtres. Ce caractère, typique des régions ensoleillées est également indissociable de cette qualité de lumière que reflète la mer. La palette méditerranéenne est donc plus vibrante et plus contrastée que les autres : jamais douce, elle ne suggère pas, elle « claque » et se distingue par de vastes surfaces blanches, ponctuées de turquoise ou de bleu lavande, de jaune vif, de rouge ardent, de bleu azur ou de vert émeraude.

Ce style plonge ses racines non dans les villas de vacances, mais dans les maisons du cru au mobilier simple, naturel, parfois même rude. La vie s'y organise souvent autour d'une grande pièce divisée en plusieurs espaces : cuisine-salle à manger-coin détente. Les portes sont ouvertes à la moindre brise et dedans et dehors ne font qu'un. Les ouvertures intérieures adoptent souvent la forme gracieuse des arcs mauresques, héritage des Maures établis, pendant sept cents ans dans le Bassin méditerranéen jusqu'en Espagne.

Grossièrement crépis, parfois recouverts de planches en bois brut, les murs sont le plus souvent peints en blanc, assortis au plafond, aux rideaux et au sol. Par contraste, les encadrements des portes et fenêtres et les plinthes se détachent en vert ou en bleu vif.

Durs et frais, les sols sont en brique, carrelés de terre cuite, dallés de marbre, ou de pierre, suivant les matériaux que l'on trouve sur place, égayés par endroits avec un tapis ou un carré de sisal. Les jours de chaleur torride, un peu d'eau aspergée ça et là humidifie l'air trop sec tout en fixant les particules de sable qu'il transporte.

Les fenêtres profondes sont protégées par des volets souvent poinçonnés d'un dessin en filigrane qui fait danser la lumière, ou d'un lattis que l'on peut imiter en fixant du treillage de jardin sur un cadre en bois. Les rideaux courts, légers et non doublés sont en coton ou en lin unis, à carreaux ou à larges rayures de couleur vive.

Les meubles utilitaires, robustes et bas, bénéficient de l'air plus frais près du sol. Le bois lourd est parfois teinté d'une couleur sombre, parfois grossièrement peint, sans frises ni motifs. Pour être confortablement assis, il suffit d'un grand canapé capitonné à armature de bois, ou d'un lit-divan habillé d'une housse et d'un assortiment de coussins (jamais identiques ni coordonnés). Idéale, la toile à voile fournit des housses d'une solidité à toute épreuve ! Une banquette en maçonnerie ou une variété de chaises et de tabourets servent de sièges d'appoint. Le rangement est assuré par des étagères encastrées, des coffres ou de grands placards.

Des étoffes tissées main, souvent brodées de motifs folkloriques, animent le décor sous forme de tapis, de tapisseries, de nappes ou de coussins. Également populaires, les carreaux de faïence parent de couleurs gaies les plans de travail, les murs de la cuisine, les rebords des fenêtres, ainsi que les sols. Dans des bols en bois d'olivier ou des plats aux couleurs rutilantes, fruits et légumes exotiques chantent un air tropical tandis que les chapeaux de paille pendus près de la porte, rappellent le soleil en protégeant de ses ardeurs.

CI-DESSOUS *Le décor de cette chambre doit sa sophistication à une interprétation personnelle du style du pays : de longs voilages arachnéens protègent le lit contre les insectes sans occulter l'air et la lumière. La teinte des plinthes, de la moulure à mi-hauteur et des chambranles casse le blanc dur des murs, et les tapis tissés dans la région adoucissent le plancher naturel en apportant leur touche de couleur.*

CI-CONTRE *Avec ses murs grossièrement crépis, son sol en carreaux de terre cuite et ses banquettes basses, ce décor rustique évoque un climat chaud. Le poêle à bois et sa provison de bûches suggèrent des soirées rafraîchies par les vents de la mer. Quant aux bocaux d'olives, aux herbes odoriférantes et aux grenades mûres, ils symbolisent, à eux seuls, toute la Méditerranée.*

CI-CONTRE *Le crépi blanc est l'élément dominant de ce décor typiquement méditerranéen puisqu'il recouvre même l'étagère et la niche de rangement de la cuisine. La porte mauresque, la simplicité et la sobriété du mobilier, les géraniums dans leurs pots d'argile et le franc contraste des couleurs sont d'autres signes distinctifs.*

CI-CONTRE *Ce charmant tableau intitulé* L'arrosage des plantes *fait partie du fameux livre de Carl Larsson* Ett Hem *(À la maison), publié en 1899. Le peintre y recense tous les aspects de la vie familiale à Lilla Hytnas, sa maison de campagne. Ici, une petite fille aux joues rouges accomplit la tâche qui lui a été confiée dans une pièce lumineuse et très aérée, typique du style suédois.*

Lumière à la suédoise

Le style suédois tel que nous le connaissons ne s'est pas épanoui au fil du temps, il a été inventé par le peintre Carl Larsson au début du siècle, en réaction contre l'atmosphère étouffante et surchargée d'un style victorien tardif.

Ce « styliste » de la première heure choisit, tout d'abord, de créer, pour sa propre maison de campagne, un décor en parfaite contradiction avec la mode de l'époque.

Chaque élément de ce décor fait ensuite l'objet de tableaux qu'il réunit dans un livre, avec le dessein, avoué, d'influencer le goût de ses lecteurs. Ce livre connaît un tel succès qu'il fait partie, depuis lors, des grands « classiques » de la décoration.

Outre le fait qu'il détestait le style victorien, Larsson, comme la majorité des gens du Nord, vouait un culte particulier au soleil, rare dans son pays. Il rêvait donc de rendre sa maison aussi aérée et lumineuse que possible. Pour y parvenir, il associa des meubles rustiques aux pièces contemporaines et aux meubles fin XVIIIe de formes exubérantes, qu'il installa sur un fond de couleurs fraîches et limpides, dans un décor à base de bois, si abondant en Suède.

Classiques du style Suédois, les murs peints en blanc, gris, bleu ou vert pâle - les palettes pastel - reflètent un maximum de lumière. Les lambris sont également très populaires dans ce style de décoration, surmontés par une cimaise, à hauteur de chaise ou de tableau, et peints. Une frise discrète ornant la plinthe ou la corniche apporte une touche supplémentaire d'authenticité.

Figure dominante contre un mur ou dans un coin de la pièce principale, le grand poêle à bois, revêtu de carreaux de faïence, arbore un motif floral ou des scènes classiques.

Les planchers sont laissés naturels ou très légèrement teintés pour leur donner un aspect brossé et cérusé. Le chemin est tracé par des tapis de passage étroits, aux larges rayures, bien particuliers au style scandinave.

Les fenêtres sont simplement protégées par des volets peints ou des stores enrouleurs blancs.

Autre spécificité de ce style : pour encadrer les fenêtres et adoucir les angles, de larges pans de gaze ou de dentelle qui tombent ou que l'on fronce en cantonnières.

Le mobilier est naturel, peint de couleurs claires ou passé à la chaux, parfois orné de charmants motifs peints à la main levée ou au pochoir. Le bois fait l'objet d'un travail particulier : l'armature des chaises, par exemple, souvent complexe, avec une assise peu capitonnée, se différencie des hideux sièges victoriens tout en rondeurs.

La popularité du fauteuil à bascule est

CI-CONTRE *Dans un pays sombre et froid pendant une grande partie de l'année, toutes les sources de lumière sont prisées. Dans ce salon confortable, les pâles rayons de soleil sont renforcés par un vigoureux feu de bois, une lampe à huile traditionnelle et un petit groupe de bougeoirs en cuivre. Le bois peint, le guingan des fauteuils et le tapis à rayures apportent couleur et gaieté.*

due aux nombreux Scandinaves ayant émigré aux États-Unis qui, ayant découvert cette commodité outre-Atlantique, l'ont réexportée ensuite dans leur pays d'origine.

Comme la plupart des étoffes rustiques, les tissus utilisés sont secs et légers. Très populaires, les petits carreaux bleus et roses tapissent les sièges, recouvrent les lits et les tables, pendent aux murs et parfois aux fenêtres. Pour accentuer l'ambiance délicate d'un décor à la suédoise, disposez des bougies blanches dans des bougeoirs en cuivre avec, çà et là, un soupçon de dentelle et des plantes grimpantes.

CI-CONTRE *Encore des rayures, le long d'une étroite nappe en coton dont le motif rappelle celui du tapis. Dans un coin de la pièce, le kakelungen, gigantesque poêle à bois, dresse son imposante silhouette revêtue de faïence. Fabriqués en grand nombre à la fin du* XVIIIe *siècle, ces poêles chauffent une pièce efficacement et proprement grâce à un système de conduits et de briques qui emmagasinent la chaleur.*

CI-DESSUS *Cette maison ancienne de Nouvelle-Angleterre a été démontée morceau par morceau, de façon à installer, caché sous le sol et le plafond, un système moderne et discret de chauffage et de climatisation. Pour réchauffer les nuits très froides, le lit, tout en hauteur, est recouvert d'un édredon en plume des plus traditionnels.*

CI-DESSOUS *Le cadre de cet élégant salon, authentiquement colonial, s'intègre à une maison relativement moderne. Chaque élément en a été choisi avec soin : la couleur contrastée des boiseries, les lames du plancher, les meubles* XVIIIe*, ainsi que les objets décoratifs.*

L'héritage colonial

Quand les premiers colons s'installent aux États-Unis, le décor dont ils s'entourent rappelle étrangement leur pays d'origine, Angleterre ou Allemagne. Les fameuses maisons de la côte est, par exemple, revêtues de planches, ressemblent à s'y méprendre aux maisons de bois du sud de l'Angleterre.

Un caractère bien particulier naîtra bientôt de ce mariage d'objets apportés d'Europe et de ceux, fabriqués sur place avec des outils grossiers et des matériaux de la région.

La Nouvelle-Angleterre est alors la contrée la plus peuplée, suivie par l'est de la Pennsylvanie et la Virginie. Le style qui les caractérise est appelé aujourd'hui « Colonial Américain ».

Dans un intérieur colonial, les murs sont peints en blanc cassé ou en beige, tandis que les plinthes, les corniches, les cimaises à hauteur de chaise ou de tableau, les encadrements des fenêtres et des portes arborent une couleur plus foncée.

Composées, à l'origine, de pigments végétaux mélangés à du babeurre, ces teintes sont douces et délicates - vert grisé, bleu canard, rouge airelle, rouge brique et moutarde - et ont toutes un fini satiné. L'est des États-Unis, étant, comme la Suède, une région très boisée, les lambris y sont également très courants, surmontés par une cimaise (à hauteur de chaise), généralement peinte de la même couleur.

Les planchers en érable sont encaustiqués jusqu'à obtenir une riche patine dorée, très éloignée de la rusticité des planchers méditerranéens, et facile à obtenir sur les lames de bois que l'on fabrique aujourd'hui.

Par-dessus, sont posés des tapis au crochet, tressés ou en lirette, ou de simples morceaux de toile enduite.

Les fenêtres s'habillent de persiennes, très populaires aux États-Unis, ou de rideaux brise-bise, suspendus à des tringles fixées à mi-hauteur de la fenêtre et qui laissent entrer un maximum de lumière tout en protégeant les occupants des regards indiscrets.

Le mobilier en bois, merisier, noyer ou orme, que l'on trouve sur place, est encaustiqué jusqu'à briller d'un doux éclat satiné.

Parmi les meubles les plus typiques figurent, pour le rangement, la malle à couvertures, l'armoire à vêtements, le garde-manger et la commode haute ; pour les sièges, le canapé « dos de chameau » et la chaise Windsor, née en Angleterre, mais vite fabriquée en série aux États-Unis.

Le fauteuil à bascule, dont on dit qu'il fut inventé, au XVIIIe siècle, par Benjamin

Franklin, et le lit encadré par quatre fines colonnes, à l'image du lit à baldaquins, sont de style purement colonial. Ce dernier était généralement doublé d'un lit bas à roulettes à l'usage des enfants ou des invités que l'on glissait sous le lit principal.

Le jeté de lit en patchwork, qui était à l'origine un assemblage de tissus variés cousus au hasard les uns aux autres, se transforme bientôt en un artisanat qui prend figure de symbole.

L'art du pochoir, né du besoin de trouver un substitut au papier peint trop cher, devient aussi très vite un style d'ornementation à part entière. Généreusement appliqués sur les murs, les meubles et les sols, les motifs au pochoir donnent parfois aux planchers les plus pauvres des airs de tapis précieux.

Au nombre des objets décoratifs de l'époque figurent les portraits primitifs, les leurres en bois, les chandeliers en métal, les couronnes d'herbes ou de fleurs séchées et surtout les abécédaires au point de croix, que l'on associe maintenant à cette époque.

CI-CONTRE *Intimement liés à la vie des premiers colons, ces travaux de tapisserie ont été exécutés par des petites filles s'initiant aux indispensables travaux d'aiguilles, à une époque où la plupart des vêtements et du linge de maison étaient cousus et brodés à la main.*

CI-CONTRE Le mode d'assemblage des boîtes Shaker permet au bois de jouer sous l'effet de la chaleur ou de l'humidité, tout en assurant une finition parfaitement lisse. Cloutées de cuivre, moins susceptible que le fer de rouiller et de tacher le bois, les boîtes sont finalement teintées d'une couleur vive et unie qui peut aussi servir à identifier leur contenu.

CI-CONTRE Les pièces communautaires sont généralement équipées d'un poêle en fonte dont le long tuyau facilite la distribution de la chaleur. Dans les dortoirs appelés pièces de retraite, on fait chauffer sous le poêle pendant la soirée de grosses pierres, que l'on place ensuite dans les lits pour réchauffer les draps.

Le style Shaker en toute sobriété

Le style Shaker est basé sur la doctrine religieuse d'une secte ayant émigré d'Angleterre vers les États-Unis au milieu du XVIIIe siècle. Convaincus que tout geste quotidien est une expression de leur foi, ils vénèrent l'ordre, la propreté et la prière. Leur philosophie qui attribue « leurs mains au travail et leur cœur à Dieu » s'applique aussi à l'agencement de leurs intérieurs et se résume ainsi : simplicité, habileté et bien-fondé du dessein. La société Shaker étant organisée en communauté, l'uniformité est aussi de mise car la propriété individuelle n'existe pas. Ceci justifie d'ailleurs la légèreté du mobilier qui peut être déplacé selon les besoins de chacun.

Pas d'ornement inutile, chaque détail a sa raison d'être et chaque chose est conçue dans un but précis et souvent pour un lieu précis. Il se dégage de ces objets une telle présence, un tel sens de l'utile et une telle beauté parfaitement austère qu'ils sont encore appréciés dans le monde entier, près de deux cents ans plus tard.

Version simplifiée de la palette coloniale, la palette Shaker décline des murs crème, des boiseries peintes et sombres et des planchers nus, en pin naturel. Toujours sobrement meublées, les pièces paraissent encore plus vides lorsqu'elles ne sont pas utilisées, car dans un souci de netteté et pour préparer le parquet au nettoyage, la plupart des objets sont accrochés à une patère, fixée le long des murs, à hauteur d'épaule. Composée d'une planche de bois munie de chevilles fixées sur des goujons, un projet simple à réaliser pour un bricoleur même amateur, elle ne porte pas seulement des chapeaux, des paniers, des sacs ou des vêtements, mais aussi des placards miniatures, des écritoires, des miroirs (petits afin de décourager la vanité) et même des chaises, accrochées à l'envers pour éviter que la poussière ne s'y dépose, car selon une maxime Shaker, « il n'y a pas de poussière au Paradis ».

Les étoffes unies, rustiques, tissées et cousues par les femmes et destinées à un usage à la fois personnel et domestique sont d'ailleurs peu présentes dans les intérieurs Shaker où l'on n'utilise pas de nappe. À l'origine, les aliments étaient servis dans des assiettes en étain ou en bois (plus tard, des assiettes en faïence blanches seront « importées » de l'extérieur), posées à même la table régulièrement lavée et brossée.

Afin de protéger leur autonomie, les Shakers fabriquent eux-mêmes la majorité des ustensiles ménagers et du mobilier en noyer clair, merisier, érable, pin, bouleau ou chêne. Les espaces de rangement sont souvent intégrés pour garantir une utilisation optimale de l'espace et éviter l'accumulation de la poussière au-dessus et au-dessous des placards. Leur agencement remarquable comporte des tiroirs de tailles diverses permettant de tout ranger sans perdre la moindre place, chaque compartiment étant souvent étiqueté de façon à ce que quiconque puisse ranger un objet et le retrouver à la même place.

Les lits - traditionnellement à une place, les Shakers pratiquant la chasteté - sont montés sur roulettes pour faciliter leur déplacement lors du ménage. Les tables sur tréteaux, offrent un maximum de place pour les jambes et les sièges des chaises à barreaux se composent de sangles tressées. Inventée par les Shakers, la chaise « basculante » possède un ingénieux mécanisme dans chaque pied arrière, lui permettant de rester stable même lorsque son occupant se penche en arrière. Parmi les éléments décoratifs les plus classiques du style figurent les guéridons à bougies, les bureaux (souvent à deux places pour encourager le travail en équipe), les coffres à couvertures, les fauteuils à bascule, les tables de toilette, les paniers à anse en chêne, en saule ou en frêne clair et les célèbres boîtes ovales, avec leurs assemblages particuliers. Bien que les Shakers utilisent un grand nombre de ces boîtes, ils en vendent aussi beaucoup, ce qui leur permet d'acheter les quelques objets qu'ils ne peuvent fabriquer eux-mêmes.

CI-DESSOUS L'hygiène corporelle est primordiale chez les Shakers et la plupart des dortoirs sont équipés d'une table de toilette. Celle-ci est en noyer clair, en érable ou en pin. Le haut légèrement évasé est muni d'un panneau de protection et le bas d'un placard pour entreposer savon et serviettes propres. L'intimité est assurée par de simples brise-bise blancs, suspendus à mi-hauteur des fenêtres.

La route de Santa Fé

CI-DESSUS Un sol de pierre, des petites fenêtres à volets et des murs clairs et épais esquissent le décor d'un pays chaud. La banquette de bois sombre est adoucie par une collection de coussins décorés de broderie, de petit-point et d'appliqué. Ouverte et accueillante, la porte peinte en rouge illustre la maxime locale mi casa es su casa, *ma maison est aussi la vôtre.*

Le style Santa Fé, ou Tex-Mex, est né dans le Nouveau-Mexique, une région géographiquement opposée à la Nouvelle-Angleterre.

Des influences contradictoires y justifient les diversités d'aspect et d'ambiance. C'est là que s'établissent les premiers immigrants, venus d'Europe. Les traditions culturelles du sud-ouest sont, en effet, arrivées d'Espagne, en passant par le Mexique, juste de l'autre côté de la frontière.

De caractère hispanique, ce style rustique, rugueux, s'est imprégné des cultures amérindiennes des deux pays. Les ayant parfaitement assimilées, ce style reflète le climat aride de la région et la rude existence qu'y ont menée les pionniers.

Les premières maisons étaient en pierre ou en pisé. À l'intérieur, les murs conservent leur aspect naturel ou sont chaulés de blanc, pour réfléchir la lumière du soleil, ce blanc d'ailleurs omniprésent dans toutes les maisons de Santa Fé. Le sol en pierre ou en carreaux de terre cuite ressemble à la terre battue d'origine et les volets protègent les fenêtres des assauts répétés du soleil et du vent.

Solide, parallélépipédique le mobilier est parfois sombre, massif et lourdement sculpté à la manière espagnole, parfois taillé dans les bois rouges de la région, ou dans des bois séchés et décolorés par le soleil. Il n'existe aucune pièce délicatement ou richement ouvragée et les indispensables poignées et charnières, sont en fer forgé grossièrement travaillé. Les sièges sont en cuir simplement ou sobrement travaillé. Souvent intégrés, des banquettes et des placards de taille imposante, associés à de vastes coffres et à des tables et des chaises robustes, meublent les intérieurs avec austérité.

Grandioses également, les éléments décoratifs : larges surfaces de sol ou de murs nus, ponctuées par un tapis ou une tenture murale aux couleurs somptueuses. Ces pièces tissées main sont ornées d'un motif d'oiseau Pueblo ou de chevrons et losanges navajo. Des tapis de type Durrhy ou des droguets des Indes produiraient le même effet. Coussins, nappes et tapis de passage complètent une harmonie chaude d'orange brûlé, de rouge brique, de brun et de noir. Comme au temps des pionniers qui teignaient les étoffes à l'indigo, les cotonnades bleu indigo, moins exotiques, demeurent pourtant caractéristiques du style Santa Fé.

Entre autres accessoires, les poteries, les plats et les bols en terre cuite naturelle, émaillée au plomb ou décorée de motifs peints de couleurs vives, ressemblent à ceux que l'on trouve aujourd'hui en Espagne et au Portugal.

CI-CONTRE *Festonné de piments rouges électriques et flanqué de simples bougies, ce cactus forme le centre d'intérêt d'une petite table à laquelle une nappe bordée de dentelle confère un air d'autel. Fraîchement cueillis, les piments rouges sont enfilés en longues guirlandes appelées ristras, que l'on fait ensuite sécher au soleil, en attendant de les utiliser en cuisine ou en décoration.*

CI-DESSOUS *Ce grand placard ouvert ou armario, de fabrication rudimentaire et grossièrement poncé, met en valeur de la verrerie espagnole rustique et des poteries artisanales. De la même manière, les murs badigeonnés de bleu pâle font resplendir les tons chauds de la porte en bois brut, du sol en pierre rosée, de la vannerie aux couleurs naturelles, des poteries en argile et des plats multicolores.*

Mentionnons aussi les bougeoirs en fer forgé ; les objets en fer blanc très travaillés et perforés, parfois sertis de turquoise ; les carreaux de faïence ornés de symboles indiens ou de figures géométriques.

L'une des plus charmantes traditions consiste à faire sécher des petits piments rouges (chili) pour les enfiler ensuite en guirlandes étincelantes ou les tresser en couronnes écarlates qui égaient longtemps la maison de leurs taches de lumière vive, sans coûter bien cher.

Le rustique contemporain

CI-CONTRE *Les lames de parquet naturelles, les volets blancs bien nets et les plantes, telles des sculptures dans leur pot en terre, donnent à cette salle à manger à Nantucket (sur la côte est des U.S.A.) une ambiance indiscutablement rustique, mais si austère qu'elle frôle le minimalisme. D'aspect utilitaire, les chaises en acier brossé étaient destinées, à l'origine, à équiper un parc en France et la table anglaise en pin, toute simple, date du* XVIIIe *siècle.*

Par tradition, les divers styles rustiques ont évolué en s'adaptant au climat, au paysage et au mode de vie de leur région. Indépendants les uns des autres, ils ont gardé longtemps leur caractère propre en raison du manque d'information, de l'absence de moyens de transport bon marché pour faire circuler les objets d'un endroit à un autre et, bien souvent, du manque d'argent pour acheter ce qui venait d'ailleurs.

Aujourd'hui, la maison de campagne ne peut cependant plus se définir en termes de couleurs ou de tissus, puisque le choix de matériaux et les influences visuelles sont désormais très vastes. Nul besoin, non plus, de se limiter à un seul style ! À l'heure actuelle, si l'on respecte l'intégrité du lieu et si le travail est bien fait, l'on peut créer un cadre néo-rustique, en mariant diverses traditions rurales, avec des créations contemporaines.

CI-CONTRE *Également situé sur la côte est des États-Unis, dans les Hamptons, cet intérieur contemporain est composé d'éléments traditionnels - poutres apparentes et parquet, lampes anciennes et bouquets de fleurs du jardin - associés à des sièges modernes et rectilignes et à une surprenante cheminée arrondie, avec un linteau en encorbellement.*

CI-DESSUS *Seul un mobilier aux larges proportions convenait à l'immensité de ces anciens bâtiments de ferme. Huit gigantesques fenêtres à guillotine inondent de soleil les coins salon et salle à manger, photographiés ici et installés dans l'ancienne grange et l'étable attenante. Au-dessus, une série de chambres et de salles de bains sont reliées entre elles par une passerelle, dont la balustrade a été récupérée dans l'ancien grenier à foin.*

CI-DESSUS *Si vous aimez les meubles disparates, choisissez un décor neutre, des murs unis et recouvrez le sol d'un tapis en fibres naturelles. Dans ce studio aux poutres apparentes, un paysage abstrait réchauffe de son éclat doré une pièce plutôt froide, peinte en blanc et bleu pâle.*

Toutefois, si l'on veut s'assurer le succès, quelques principes de base sont indispensables.

S'il s'agit de meubler une pièce d'un enivrant mélange de styles, adoptez plutôt un fond neutre : murs unis ou revêtements discrets, habillages de fenêtres peu voyants, parquet ou revêtement de sol en fibres naturelles. Choisissez par exemple un élément dominant qui donnera de l'unité au décor : couleur ou motif (carreaux, fleurs, etc). Masquez une disparité évidente en séparant les objets ou les meubles trop discordants.

En sélectionnant le mobilier, évitez les associations maladroites : les meubles espagnols lourds et sombres du style Santa Fé, qui paraîtraient déplacés dans un délicat décor champêtre, se marient parfaitement aux couleurs méditerranéennes. De la même manière, le style méditerranéen convient à un grand canapé moderne et rectangulaire qui encombrerait lourdement un élégant salon toscan.

Ne craignez pas de jouer la carte de la technologie : mieux vaut choisir un poste de télévision et une chaîne hi-fi bien profilés et les mettre en évidence sur une étagère ou une table roulante, que de les dissimuler derrière un rideau à volant, ou de démolir le dos d'un joli meuble pour permettre aux fils de passer.

Profiter du progrès, sans subterfuge trop facile (ou trop coûteux), permet de rester fidèle à l'esprit rustique. Si vous choisissez un revêtement de sol ou un plan de travail pratique et résistant en vinyle ou en stratifié, optez pour de l'uni ou un motif géométrique, plutôt qu'une imitation bois, carrelage ou pierre. Préférez aussi les appliques simples et fonctionnelles aux ampoules en forme de bougies, avec fausses coulures de cire !

L'artisanat de qualité est toujours beau, qu'il soit moderne ou traditionnel : les poteries contemporaines en terre cuite, les textiles au graphisme fort, teints et tissés aujourd'hui dans la région et les formes abstraites sculptées dans le bois, n'en sont que quelques exemples.

L'ART DE TRANSFORMER

Pour un grand nombre de gens, une résidence à la campagne n'est plus ni un manoir, ni une ferme, ni une petite maison rustique, mais un autre style d'édifice, destiné jadis à une fonction bien déterminée, puis transformé en habitation. La popularité récente de ce type de conversion est due au désir de nombreux citadins, de déménager à la campagne et à une quantité croissante de bâtiments désaffectés.

Parmi ces constructions, on trouve des moulins, des phares et des écoles, ainsi que des églises et des chapelles tombées en désuétude, mais plus communément des granges et corps de ferme, abandonnés du fait des méthodes modernes d'exploitation. Les citadins qui aspirent à créer un cadre rustique tout en restant en ville, peuvent penser que les lignes dépouillées d'un loft se prêtent mieux à la transformation que les moulures et les stucs d'un vieil appartement bourgeois.

Emménager dans une ferme ou un atelier d'artisan présente bien des avantages : un espace parfois plus vaste que dans la plus grande des maisons ; un

CI-DESSUS *L'atmosphère singulière de cette salle à manger circulaire est encore renforcée par le choix du décor. Placards et banquettes de fenêtres en bois clair, ont été faits sur mesure pour épouser la courbe des murs ; le carrelage rosé qui recouvre le sol a été posé suivant un motif concentrique et les chaises qui entourent la table ronde ont naturellement été choisies pour leur dossier incurvé.*

CI-CONTRE *Dans cet oratoire transformé, les fenêtres trilobées de la salle de bains proviennent d'une école désaffectée ; la robinetterie, les appliques murales, et les appareils sanitaires de style Art-Déco ont été récupérés pendant la réfection de certaines chambres de l'hôtel Savoy, à Londres.*

contrôle absolu sur la manière de structurer cet espace, le choix des matériaux et des détails de construction. Il en résulte un espace de vie personnel, peu conventionnel et unique en son genre. Pour tirer le meilleur parti de ce type d'expérience, il faut avoir du temps, de l'argent et un architecte expérimenté et enthousiaste. Il faut aussi respecter l'esprit du bâtiment, en faisant parfois les compromis indispensables : la création d'une grande baie vitrée, par exemple, vous donnera un maximum de lumière, une vue à couper le souffle, mais détruira à tout jamais la façade d'une maison ancienne. Il faut aussi rechercher, si possible, les matériaux produits dans la région ou ceux qui s'en rapprochent.

Quand le gros œuvre est terminé et que vous en êtes à la décoration, pensez à respecter les proportions : les meubles habituels risquent d'être trop petits et un mobilier délicat se perdra dans un espace gigantesque. À vous de trouver des occasions chez les antiquaires ou dans les ventes aux enchères, car le mobilier de taille standard est, évidemment plus recherché, donc plus cher que les tables immenses et les coffres massifs qui trouvent rarement leur place dans les maisons et les appartements et qui sont, de ce fait, souvent très abordables. La même règle est à respecter dans le choix des tissus et des accessoires : un semis de fleurettes, une dentelle ouvragée ou une collection de bibelots miniatures seraient totalement déplacés dans l'immensité d'une grange.

Si la pièce est très vaste, délimitez des zones différentes - salle à manger, coin travail, coin salon - en disposant de façon adéquate le mobilier, les tapis, l'éclairage. C'est un bon moyen de préserver la sensation d'espace tout en créant cette ambiance chaleureuse, accueillante et conviviale, qui est indissociable du style campagnard.

CI-CONTRE *Une harmonie en bleu et blanc donne de l'unité à ce grand salon, décoré de meubles rustiques d'époques différentes. Sur un parquet naturel, le tapis en coco d'une taille exceptionnelle délimite aisément le coin repos.*

Les Grandes Lignes

Planter le décor

Que vous décidiez de transformer votre maison en symphonie pastorale, ou de donner une simple touche champêtre à quelques pièces, ne négligez pas les premiers principes de décoration qui sont la clé du succès.

DE BONNES BASES

Avant d'entreprendre d'importants travaux de rénovation, sachez que vous obtiendrez les meilleurs résultats en prenant votre temps. Quand vous emménagez dans une nouvelle maison, ou si l'agencement d'une pièce vous préoccupe, ne prenez pas de décision hâtive, concernant à la fois la structure et le mobilier, qui vous obligerait à travailler trop vite et à commettre des erreurs. Le résultat serait artificiel et sans attrait, en parfaite contradiction avec le style campagne qui se veut, par essence, naturel et sans apprêt.

AVANT DE COMMENCER Cantonnez-vous plutôt à l'essentiel : une nouvelle couche de peinture, par exemple, pour que l'endroit ait l'air propre et neuf. Ensuite, imprégnez-vous de l'atmosphère de chaque pièce et de sa lumière et tentez d'imaginer le cadre que vous aimeriez lui donner. Dans un premier temps, votre vieux mobilier fera l'affaire : attendez d'avoir le coup de cœur pour tel meuble ou tel objet, plutôt que d'acheter n'importe quoi ! Les pièces les plus agréables sont souvent celles que l'on modifie et que l'on adapte en changeant les choses de place, en supprimant, ou en ajoutant ça et là un objet.

DES COULEURS SUBTILES La couleur est l'élément décoratif le plus efficace et le moins coûteux. Elle modifie non seulement l'aspect d'une pièce, mais aussi sa taille apparente. En règle générale, les teintes claires agrandissent l'espace, tandis que les teintes sombres le rétrécissent. Mais ne soyez pas esclave de ce principe si souvent énoncé, car la différence est subtile, et mieux vaut une ambiance chaleureuse et confortable qu'une pièce qui semble un hall de gare. Si vous cherchez à donner un air d'intimité, n'hésitez pas à choisir des tons moyens ou soutenus !

CI-DESSUS Quand le soleil brille tous les jours, des murs et des boiseries peintes en blanc, mariées à des tissus et à des accessoires de couleur bleue, composent l'harmonie idéale. La mer si proche a prêté son thème au décor de cette retraite estivale : rideaux imprimés de coquillages, bois rejeté par la mer, maquettes de bateaux.

D'après un autre postulat, le plafond doit toujours être peint en blanc pour paraître plus haut. C'est rarement nécessaire, en particulier dans les pièces où murs et plafond se rejoignent sans l'intermédiaire d'une corniche ou d'une moulure ; on obtient, dans ce cas, une meilleure unité si toutes les surfaces sont peintes de la même couleur.

Si votre plafond est exceptionnellement bas, peignez-le d'une nuance de deux tons plus claire que celle des murs, car le blanc risquerait de casser l'homogénéité du décor. Pour camoufler un brusque changement de couleur toujours gênant, ajoutez vous-même une corniche ou une moulure à l'endroit où il n'y en avait pas.

Souvent considéré comme « la » couleur rustique, par excellence, le blanc devrait, au contraire, être utilisé avec beaucoup de doigté. Dans les pays chauds où le soleil inonde les maisons, les murs blancs sont merveilleusement lumineux. Encore qu'on y ajoute souvent une touche de bleu, ou de mauve. En revanche, dans les régions nordiques où la lumière est plus basse, ainsi que dans

CI-CONTRE N'ayez pas peur des couleurs vives. Elles ne seront jamais trop audacieuses si vous les mariez aux teintes naturelles du bois et de la pierre.

CI-DESSUS *Les murs jaune soleil de cette cuisine de style hispanique, en font un espace de travail agréable à tous moments. Les placards en bois et la porte à larges planches sont peints en gris-bleu, ce qui ajoute de l'intérêt sans heurter. Son agencement est des plus astucieux : les instruments et ustensiles suspendus stratégiquement juste au-dessus du plan de travail sont à portée de main.*

CI-CONTRE *Simplifiez votre travail de décorateur en choisissant un revêtement assez neutre pour recouvrir toute la surface au sol. Ici, le carrelage recouvre la salle à manger au niveau surbaissé, les marches et le corridor, jusqu'au salon ensoleillé. Les carreaux peints à la main posés sur les contre-marches personnalisent la perspective.*

les pièces sombres, mal éclairées par des fenêtres petites ou profondément encastrées, ce qui est bien souvent le cas à la campagne, le blanc pur devient gris et terne. Préférez-lui un crème opulent, un abricot doux ou un rose chair, plus flatteurs qu'un blanc crayeux et sans substance. Sachez aussi que la chaux, ce revêtement mural traditionnel, n'était pas d'un blanc aussi pur que les peintures chimiques ; une nuance plus chaude sera donc beaucoup plus authentique et plus séduisante à la fois.

Si la couleur modifie l'aspect d'une pièce, elle influence aussi son climat et l'humeur de ses occupants. Dans une pièce orientée au nord, évitez les harmonies froides - bleus, verts, gris et lavandes - ou bien mélangez-les avec des tons crème, des meubles en bois clair ciré, de la vannerie et un revêtement de sol naturel, comme le coco.

Les couleurs froides sont apaisantes, tandis que les couleurs chaudes stimulantes ; le bleu convient donc mieux à une chambre à coucher et le jaune vif à une pièce où l'on s'active, comme la cuisine. Les mélanges trop hardis sont difficilement supportables, quelle que soit leur palette ; aussi réservez-les pour les entrées, les salles de bains, les salles à manger, ces pièces où l'on passe moins de temps.

LES ENDROITS INGRATS Les pièces de forme asymétrique, en soupente ou biscornues ont l'air encombré, même lorsqu'elles sont vides. Peindre les murs et le plafond d'une couleur différente aggrave toujours le problème.

Pour que ce genre de pièces trouve son

unité et paraisse intéressante plutôt que bizarre, choisissez soit un motif de papier peint extrêmement discret soit une peinture unie ou bien irrégulière sur toute la surface.

Une fenêtre hors-norme peut également bénéficier de quelques subterfuges : une tringle beaucoup plus large que le chambranle et deux pans de rideaux très volumineux la feront paraître moins étroite ; pour donner une illusion de hauteur, installez la cantonnière assez haut pour que sa base frôle à peine le haut de la fenêtre trop petite ; pour harmoniser deux fenêtres de tailles différentes, placées côte à côte, installez une large tringle au-dessus des deux et une seule paire de rideaux.

Votre intérieur n'est pas une enfilade de pièces indépendantes les unes des autres, mais un ensemble, composé de différents espaces ouverts les uns aux autres. Les couleurs que vous avez choisies doivent donc s'harmoniser entre

CI-DESSUS *Pour adoucir l'aspect de cette pièce aux angles irréguliers, murs et plafonds ont été recouverts de la même peinture à effet parchemin. La couleur des boiseries, assortie plutôt que contrastée, ainsi qu'une collection de bibelots habilement disposés, parviennent à détourner l'attention des endroits critiques.*

elles, sans chocs de tonalités ni changements d'ambiance trop évidents.

Cette loi s'applique également au sols, car rien n'est plus laid que des revêtements différents (ou des couleurs hétérogènes) butant l'un contre l'autre à chaque pas de porte. La meilleure solution consiste à choisir le même sol (ou au moins la même teinte) pour l'étage d'une maison. Le parquet ciré des pièces principales se mariera parfaitement avec le liège ou la pierre couleur miel des salles de bains ou de la cuisine. En outre, cette concordance de tons présente l'avantage de donner une impression d'espace.

UN STYLE BIEN INTÉGRÉ

Lorsque vous aurez décidé de vivre dans un cadre rustique, encore faut-il choisir le style qui va vous convenir et l'adapter à votre type maison et à votre mode de vie. Ne tentez pas, par exemple, de reconstituer un manoir Grand Siècle dans des petites pièces étroites et basses, plus adaptées au style « fermette ».

De la même manière, n'affublez pas

CI-DESSUS *Dans cette ferme toscane au sol en brique et au plafond tout en bois, où un canapé trop délicat aurait paru incongru, ce canapé Biedermeier de lignes pures et de proportions élégantes a trouvé tout naturellement sa place. La tête de lit en fer forgé, avec ses courbes gracieuses, est typique de celles que l'on fabrique dans la région.*

CI-CONTRE *Un papier à motif de fleurettes égaiera une grande cuisine à la campagne et fera ressortir meubles anciens et porcelaine. Si la cuisine, toutefois, est minuscule, une laque classique sera plus adéquate et plus pratique.*

d'un décor pastoral une maison bourgeoise du XIXe siècle aux plafonds très hauts et à l'architecture grandiose ou un spacieux atelier d'artisan avec d'immenses baies vitrées. Faites également quelques concessions à votre environnement immédiat : il serait passablement ridicule, par exemple, de passer d'une rue citadine à une caricature d'entrée campagnarde avec dalles de pierre, cannes-sièges, attirail de pêche et bottes en caoutchouc !

Que votre intérieur soit neuf ou ancien, grand ou petit, totalement urbain ou vraiment rural, certains éléments de style campagnard peuvent, bien évidemment, lui être adaptés pour le rendre plus beau, plus confortable et peut-être même plus fonctionnel.

LES MURS EN QUESTION L'une des décisions premières concerne la surface la plus étendue de la maison : les murs. S'ils viennent juste d'être replâtrés, avec talent, contentez-vous de les recouvrir d'une fine couche de protection qui les protégera de la poussière et des salissures. Le rose bruni ainsi obtenu, évoque fortement la Provence ou la Toscane. C'est aussi une solution écologique, puisque la peinture, qui contient la plupart du temps des produits chimiques puissants et peut déclencher des allergies, devient alors inutile.

CI-CONTRE *La frisette n'est finalement pas hors de prix et pas si difficile à réaliser soi-même pour peu que l'on soit un peu bricoleur. Ici, assemblée à rainures et languettes et peinte en gris-vert, elle propose un cadre calme à un arrangement plutôt formel de gravures et de bibelots.*

en les frottant avec un chiffon doux pendant qu'ils sont encore frais. Exercez-vous d'abord sur un morceau de bois ou une surface de mur un peu cachée.

Autre alternative : attendez que la peinture soit sèche et passez-la ensuite au papier de verre très fin. Mais n'utilisez pas ce procédé sur des murs tapissés de papier peint, car les bordures risqueraient de se décoller.

En peinture, les effets spéciaux, de nouveau à la mode, conviennent parfaitement à un décor rustique où les teintes subtiles et irrégulières jouent un très grand rôle. Certains procédés sont trop sophistiqués, mais le plus authentiquement campagnard, et le plus facile à réussir, est le badigeon, dont l'aspect est comparable à celui de la chaux traditionnelle.

Pour réussir un badigeon, appliquez d'abord une sous-couche d'émulsion mate, diluez ensuite un pigment, à peine plus foncé ou plus pâle, avec beaucoup d'eau et appliquez à la brosse, par-dessus la sous-couche, avec des gestes larges et irréguliers.

Autre revêtement mural idéal, le lambris est composé de larges planches brutes ou de planches étroites et assemblées à rainures et languettes. Typiques des styles suédois et colonial, ils sont fixés sur une traverse, à hauteur de chaise ou un peu plus haut. Aussi joli que pratique, le lambris isole efficacement, masque les imperfections des murs et dissimule les tuyaux dans la cuisine ou la salle de bains. Tout comme les meubles en bois, une émulsion « soie » ou « satin » le mettra mieux en valeur qu'une laque. Surtout, ne les laquez pas !

CI-DESSUS *Une solution facile et rapide pour les parquets en mauvais état : les peintures pour sols, moins fastidieuses que le ponçage et l'encaustique classiques. Le bleu canard intense, utilisé ici, crée une ambiance « pionnier », encore renforcée par la silhouette du coq et le panier à bûches de style Shaker. En revanche, le bouquet rose et blanc, bien campé dans son seau en métal, est typique de l'ingénuité du style rustique, quel que soit son lieu d'origine.*

Confectionnez vous-même ce produit en mélangeant, en volumes égaux, cire d'abeille et white-spirit et appliquez au chiffon, dans une pièce bien ventilée. Laissez sécher puis faites briller à l'aide d'un chiffon doux.

La peinture unie convient à tous les styles rustiques et les gammes de peintures organiques déclinent souvent des couleurs parfaitement appropriées puisqu'elles sont colorées avec des pigments naturels. L'aspect des murs peut être selon votre choix mat ou brillant, mais les boiseries ne doivent jamais offrir un contraste trop violent.

Choisissez en conséquence une teinte coquille d'œuf pour les plinthes et les chambranles et donnez au bois fraîchement peint ou au plâtre un aspect patiné

CI-CONTRE *Si, après le décapage, vos poutres sont encore teintées, décolorez-les. Il existe des produits spéciaux pour bois, mais un volume d'eau de javel dilué dans trois volumes d'eau, est aussi efficace. Augmentez la concentration si nécessaire. Nettoyez le bois à la térébenthine, puis laissez sécher ; enfin passez la javel avec de la laine d'acier. Attendez de 2 à 4 minutes, essuyez et laissez sécher 5 heures avant de poncer et de brosser.*

DES PLAFONDS PLEINS D'INTÉRÊT Si vous avez la chance d'avoir de vraies poutres, les poutres artificielles étant une insulte à l'esprit même du style rustique, prenez la peine de les poncer jusqu'à retrouver la couleur véritable du bois. La mode, pratiquement révolue, des poutres noires qui étaient trop dures pour la majorité des décors, n'a été qu'une tentative malheureuse pour reproduire le noir de fumée des poutres anciennes.

DES SOLS BIEN HABILLÉS Dans les vraies maisons à la campagne, les sols des pièces les plus fréquentées sont recouverts de pierre, d'ardoise, de brique ou de carrelage non émaillé. Les dalles de ciment peuvent aussi faire de l'effet, pour un coût bien inférieur, surtout si elles sont huilées, ou peintes avec un produit spécial sol. Pour les vieillir, cassez-les par endroits pour faire des craquelures, puis appliquez un peu de cirage sombre et une couche finale d'encaustique.

Naturels et cirés, ou peints, les parquets s'adaptent à tous les décors. Sachez cependant que les peintures spéciales sols finissent, elles aussi, par passer et s'user... ce qui contribue, d'ailleurs, à leur charme. Cérusés ou peints en gris très pâle, ils prennent des allures campagnardes d'Europe du Nord. En Scandi-

CI-CONTRE *Si vos fenêtres sont petites et profondes, adoptez un système de tringles montées sur charnières. Pendant la journée, au lieu d'être tirés sur les côtés où ils bloqueraient en partie la lumière, les rideaux restent en place et les tringles sont rabattues contre les murs. Les rideaux appropriés sont évidemment courts et légers.*

CI-DESSUS *Les meubles rustiques se caractérisent par la solidité de leur construction, la pérennité et la simplicité de leur conception. Ce coffre, ce bureau et sa chaise à barreaux verticaux, d'inspiration Shaker, nous transportent à une époque où l'on écrivait à la plume d'oie, trempée dans un encrier.*

navie, par exemple, les lames étaient frottées avec une pâte de sable humide qui leur donnait, au bout de quelques années, un ton très pâle, presque décoloré. Une méthode plus simple consiste à recouvrir le plancher d'un vernis incolore et mat, additionné de quelques gouttes de peinture blanche. Appliquez à la brosse, laissez sécher, puis passez trois couches de vernis incolore mat qui donnent un éclat satiné. Ou bien frottez un peu d'émulsion blanche dans le bois fraîchement décapé.

Au salon et dans les chambres à coucher ou l'on recherche une ambiance plus chaleureuse, les tapis les moins chers sont en coco, en paille, en sisal ou en jonc de mer. Aujourd'hui disponibles en grande largeur et doublées de latex, ces fibres naturelles, d'un grand confort, peuvent recouvrir toute la surface d'une pièce et leur riche gamme de coloris s'étend du paille clair au caramel brun foncé. Si vous préférez la moquette, choisissez une matière naturelle et une couleur unie et sourde... et évitez les motifs à tout prix !

POINTS DE VUE À décor rustique, fenêtres sobrement vêtues. L'habillage sert à masquer trop de lumière, à abriter des regards indiscrets ou à protéger du froid, mais il ne doit jamais donner lieu à des drapés, plissés et autres extravagances. Dans le doute, restez simple : évitez, par la même occasion, les coussins ornés de volants, de nœuds et de glands et préférez un discret passepoil.

Certes, les fenêtres d'un manoir supportent mieux les tenues sophistiquées que celles d'une maison provençale ; pourtant, là encore, des embrasses et une cantonnière suffiraient à habiller, sans surcharger.

Confectionnez des rideaux à tête froncée ou plate et suspendez-les à des tringles en bois, en cuivre ou en fer. N'utilisez une tringle en plastique que si elle est parfaitement dissimulée. Un store enrouleur uni est aussi approprié... si vous résistez à la tentation de lui ajouter des franges ou des festons. Portez plutôt votre choix sur une étroite bordure en dentelle de coton. Une majorité de styles s'accommodent d'ailleurs de simples stores vénitiens en bois de cèdre, sans aucun chichi.

La dentelle de coton, seule ou accompagnée de doubles rideaux, ajoute au charme du décor. Achetez-la au mètre en différentes largeurs, ou, si vous ne savez pas coudre, en panneaux d'une fois et demie au moins la largeur de l'encadrement (achetez-en deux si nécessaire). Si vos fenêtres sont très grandes, utilisez des nappes ou même des couvre-lits en dentelle. Cousez une rufflette en haut du rideau et glissez y les crochets. Si vos panneaux sont trop longs, mesurez la différence et cousez la rufflette à la bonne longueur. Suspendez les rideaux : en rabattant l'excédent de tissu, vous obtiendrez une cantonnière exquise.

Des persiennes en bois naturel, ou peintes de la couleur des murs (ou contrastées), conviennent à un décor colonial, provençal, toscan ou méditerranéen.

MOBILIER ET TISSUS D'AMEUBLEMENT Un mobilier rustique, solide et fonctionnel, ne doit pas avoir l'air trop neuf. Quel que soit son style, il est authentique de préférence, ou du moins parfaitement imité, à l'exclusion des copies de mauvaise qualité. Cette restriction ne concerne pas les meubles de style Shaker qui, même neufs, continuent à être fabriqués avec des méthodes et des matériaux traditionnels. Le mobilier adéquat a donc des lignes simples, sans dorures ni ornementations tarabiscotées, qui ramasseraient la poussière.

Les meubles varient selon le style régional choisi, mais les chaises et les tables en rotin, naturelles et légères, s'adaptent partout. Préférez les teintes neutres et les lignes droites aux sinuosités. Souvent associées au rotin, mais composées d'un tissage de papier et de fil de fer, les fibres tressées du fabricant

CI-DESSOUS *Le tapis de coco, les rideaux de dentelle et le fauteuil en rotin s'adaptent à tous les styles tout en étant, relativement, peu coûteux. Cette chambre est également équipée de volets intérieurs en bois qui conviendraient aussi bien à une grande maison coloniale.*

CI-DESSUS *Pour respecter l'authenticité du style rustique, le linge de toilette, les draps et taies d'oreiller en coton ou en lin, doivent être blancs. Les pots de chambre parsemés de fleurs, assortis au broc, à la cuvette et à la petite boîte avec son couvercle apportent une note de charme suranné au décor de cette jolie salle de bains, même si leur usage est tombé en désuétude.*

anglais Lloyd Loom ne se cassent pas et résistent aux parasites du bois.

Très traditionnels d'aspect, les textiles naturels sont biodégradables et parfaitement appropriés au style campagne. Comme les meubles, ces tissus ne doivent jamais paraître trop rigides, trop vifs ou trop neufs. Pour donner au coton et au lin un aspect fané, faites-les tremper dans l'eau de javel additionnée d'eau... mais n'infligez jamais ce traitement aux tissus délicats ou aux synthétiques. Commencez par une solution très diluée, puis augmentez la dose jusqu'à obtention de l'effet désiré. Surveillez, puis rincez abondamment. Pour donner aux imprimés de couleurs claires et aux blancs (même ceux qui sont devenus grisâtres), le charme des tissus vieillis, faites-les tremper dans une faible infusion de thé froid. Ce stratagème a été largement utilisé dans les années quarante et cinquante par Nancy Lancaster, décoratrice de renom qui exposait également ses canapés et ses fauteuils aux intempéries pour les faire vieillir plus vite.

LES DÉTAILS QUI COMPTENT Certains détails ou éléments décoratifs accentuent le charme d'un décor rustique.

Le pochoir, utilisé autrefois, pour imiter les papiers peints trop onéreux, ou les tapis colorés à même le plancher, peut être appliqué partout : sur les murs, les parquets, sur les meubles, les placards encastrés, les boîtes en bois, les plateaux et les paniers. Employez de la gouache ordinaire, des peintures en bombe ou des bâtons de couleur spécialement conçus et faciles d'emploi. Préférez les couleurs douces et les formes simples aux dessins compliqués de guirlandes et d'urnes.

Plantes vertes et plantes à fleurs font pénétrer la nature à l'intérieur de la maison, surtout les grands spécimens feuillus, ou les plus petits rassemblés en de luxuriants bouquets. Choisissez des espèces bien acclimatées, plutôt que des plantes trop exotiques. Pour camoufler un paysage urbain trop présent, installez plusieurs étagères devant la fenêtre et des plantes grimpantes en pots ou en paniers, faciles à déplacer pour faire le ménage. Vous y perdrez sans doute en lumière, mais la vue d'un rayon de soleil filtrant au travers des feuilles vous récompensera du sacrifice.

Quelques variétés bien choisies composent une oasis de verdure et dégagent, parfois, un délicieux parfum champêtre, comme certains pélargoniums lorsqu'on

CI-CONTRE *Là où le mur lambrissé rencontre le plafond pentu, cette chambre sous les combles est décorée d'une ravissante frise au pochoir, au motif de feuilles et de colombes se faisant face, typiques du style Pennsylvania-Dutch (Hollandais de Pennsylvanie). Pour réaliser ce genre de motif, utilisez plutôt un pochoir en rhodoïd qu'en métal, en plastique ou en carton.*

CI-DESSUS *Un bouquet de fleurs toutes simples apporte une note champêtre à tous les décors. Ici, les fleurs fraîches rappellent les motifs floraux du papier peint, de la courtepointe et du coussin en tapisserie. Les taies d'oreiller et le lambris unis à mi-hauteur évitent la sensation de surcharge.*

effleure leur feuillage. À la saison des fleurs fraîches, remplissez de bouquets les pichets et les vases. En hiver, installez dans chaque pièce des baquets de lavande ou des pots-pourris fraîchement confectionnés. Au lieu d'utiliser un produit chimique en bombe, entretenez vos meubles avec de la cire d'abeille dont la délicieuse odeur flottera longtemps. Ne vous laissez pas tenter par les désodorisants d'intérieur en bombe : ils sont chimiques et diffusent souvent une odeur très déplaisante.

PLACE À L'UTILITAIRE Le cadre le plus bucolique a, lui aussi, besoin d'être chauffé. Parmi les différentes alternatives, sélectionnez la plus compatible avec votre décor.

Si vous entreprenez une rénovation complète, faites installer un système de chauffage par le sol, très efficace et, de plus, invisible.

Dans le cas où la cheminée est la seule source de chaleur, un grand poêle à bois ou à charbon, conservera aussi l'eau chaude dans la bouilloire. Et si les radiateurs sont inévitables, recherchez les modèles anciens, larges et ronds, plus esthétiques que les modernes. Ils peuvent, éventuellement, être dissimulés derrière des caches perforés : du treillis de jardin, par exemple. Dans tous les cas,

CI-DESSOUS Peu de pièces refusent de se métamorphoser à la lueur d'une bougie. Toutefois, un chandelier isolé ne fera pas grand effet. Vous obtiendrez plus de magie en les regroupant comme ici sur une partie de table, ou bien par deux ou trois s'il s'agit de grands candélabres.

évitez de peindre systématiquement vos radiateurs en blanc ; ils seront bien plus anonymes s'ils sont peints de la couleur des murs, même si les murs sont tapissés de papier ou de tissu.

Hélas, le temps et les efforts déployés pour perfectionner un décor restent vains tant que l'éclairage est déficient. Bannissez les néons qui tuent les ambiances et remplacez-les par des éclairages plus appropriés : des spots directionnels fixés sur un rail dans une cuisine ou une salle de bains, par exemple.

Lustres et plafonniers peuvent être aussi très réfrigérants, mais au-dessus d'une table, pourtant, une suspension répandra une belle clarté, sans encombrer l'espace.

Ailleurs, vous pouvez encore créer des taches de lumière en disposant des lampes près des canapés, des fauteuils ou des lits, sans oublier les étagères. Comme accessoires décoratifs et pour leur lumière très douce, complétez votre éclairage par quelques lampes-tempête ou par des lampes à huile qui s'allumeront pour les grandes occasions.

CI-CONTRE Les lignes solides et rassurantes des radiateurs à l'ancienne contrastent avec la silhouette étriquée et indigente de leurs modernes remplaçants. Si vos radiateurs ont besoin d'être repeints, attendez qu'ils aient complètement refroidi avant de commencer et laissez sécher parfaitement la peinture avant de les faire chauffer à nouveau pour éviter les cloques.

Un cadre étoffé

CI-DESSOUS Une courtepointe douillette habillera joliment une fenêtre et la protégera efficacement des courants d'air. Ici, plusieurs anneaux attachés ensemble donnent à la fois de la longueur et dessinent une délicate tête de rideau en filigrane, assortie à la chaîne à tableau qui sert d'embrasse.

Le fait de détourner astucieusement de leur utilisation habituelle certains objets quotidiens apportera du charme à votre intérieur et le réchauffera tout en donnant une nouvelle jeunesse à des meubles qui ont déjà vécu.

CI-CONTRE *Même si elle a perdu l'éclat de sa jeunesse, cette chaise cannée est encore solide et très confortable. En guise de housse flottante, nous l'avons recouverte d'un jeté de lit à une place, qui la rajeunit en lui donnant un air de jeunesse et s'enlève facilement pour être nettoyé.*

Accentuez le côté rural de votre maison en utilisant, de façon originale, des objets que l'on associe généralement avec l'idée de la campagne.

Paniers, tables en rotin, petits tapis et pots de tailles diverses se prêtent à des fonctions variées et savent aussi enjoliver un décor.

Mais c'est le kilt, le boutis ou l'édredon que nous avons choisis pour illustrer le rôle à la fois utilitaire et décoratif de certains objets.

Le prix varie considérablement entre le kilt ancien, encore à l'état neuf, et la petite courtepointe un peu fanée que l'on peut encore chiner dans les brocantes. Regardez avant tout si elle est propre et vérifiez si elle est remplie de plumes, de vieux tissus (souvent des morceaux de couverture), ou de kapok.

Très curieusement, la plume et les tissus doivent pouvoir se laver en machine (programme à froid) puisque que l'on risque de détendre une pièce trop mouillée et trop lourde en la manipulant. Pour la même raison, séchez-la à froid dans une sécheuse. Tandis que le kapok s'agglomère s'il est mouillé, et doit être nettoyé à sec.

CI-CONTRE *Pour un déjeuner de fête, habillez la table d'un grand boutis fleuri et bien matelassé. Pour le protéger, disposez par-dessus des napperons de dentelle, de façon à former un motif délicat.*

CI-CONTRE *Confectionné dans un ravissant chintz ancien, cet édredon pour lit d'enfant est garni de plume et piqué machine, d'après un simple motif de carrés. Pour le suspendre à la manière d'une tenture, cousez des anneaux en ruban, en cordelière ou en dentelle sur l'arrière du bord supérieur. Glissez à travers ces anneaux un fin tube de cuivre ou un tuteur en bambou et suspendez cette tringle à des crochets vissés dans le mur.*

CI-DESSUS *Deux couvre-lits coordonnés, utilisés différemment, habillent élégamment ce lit double. Le premier, très grand et délicatement surpiqué, recouvre tout simplement les draps blancs. Le second, cousu à la machine, et de la taille d'un lit d'enfant, sert de tête de lit. Il est replié et froncé sur une tringle en cuivre et ne réclame aucune connaissance particulière en couture. L'étagère fixée au-dessus permet de déposer quelques objets pendant la nuit.*

CI-DESSUS *Un jeté de lit très décoratif peut transformer en table basse n'importe quel meuble à la bonne hauteur : une malle endommagée, un coffre à couvertures, une corbeille à linge en rotin, un petit meuble à tiroirs ou même une boîte en carton si elle est très solide. Un couvre-lit d'enfant ou de petit lit suffit à la surface réduite d'un meuble bas. Pour un meuble plus grand ou plus haut, il faut un couvre-lit double qui juponne joliment les côtés.*

Cuisines et rangements

Une cuisine fonctionnelle doit permettre de stocker les aliments et les réserves, de préparer les repas, de ranger efficacement. Elle peut avoir à faire office de buanderie.

Mais la cuisine à la campagne joue un rôle supplémentaire : c'est le cœur de la maison, grand pourvoyeur d'émotions, l'endroit où la famille aime à se retrouver et où souvent ont lieu d'interminables discussions..

AVANT DE COMMENCER

Pour être pratique, une cuisine doit être équipée de matériaux solides, à l'épreuve de l'humidité et de la chaleur, de nombreux plans de travail, d'espaces de rangement adéquats et d'une série d'ustensiles et d'accessoires de qualité, assortis au cadre choisi.

Si le sol n'est pas en pierre, en brique, en bois, ou carrelé comme le veut la tradition dans une cuisine rustique, posez du liège ou un vinyle uni ou à damier, ou bien profitez de la nouvelle popularité du linoléum, qui possède les qualités du vinyle, tout en étant naturel. Pour réchauffer l'atmosphère et ajouter au confort, installez par-dessus un tapis lavable (doublé d'une matière qui l'empêchera de glisser), ou un tapis de paille facile à nettoyer.

Choisissez des plans de travail dans les mêmes matériaux : bois dur (comme l'érable d'un billot de boucher), ardoise, carreaux de faïence ou carrelage non

CI-CONTRE *Une cafetière ancienne recyclée en pot à cuillères de bois et une jatte pleine d'œufs, entourées de produits du jardin créent une belle nature morte.*

CI-DESSUS *Dans cette jolie cuisine éclairée par un vasistas, murs et plafonds sont recouverts de frisette de pin peinte en blanc, rappelée par les portes du placard.*

émaillé – mais il vous faudra alors l'imperméabiliser à l'huile de lin chaude –, ou encore stratifié uni. Outre sa beauté, l'insertion d'une grande plaque de marbre facilite aussi la vie d'une active pâtissière.

Sur les murs, appliquez une peinture satinée qui n'absorbe pas la graisse et se nettoie aisément.

Tout autour du plan de travail, posez des carreaux de faïence blancs ou en couleur, ou blancs combinés avec une couleur primaire forte, dans un motif de damier ou de rayures. Les carreaux blancs et bleus, de type Delft, ou peints à la main d'un motif folklorique sont parfaitement champêtres. Évitez cependant les effets trop chargés, si vous les destinez à un large pan de mur.

Idéale dans un cadre rustique, une énorme cuisinière à bois ou à charbon : flanquée d'un vieux sofa moelleux ou d'un fauteuil capitonné, elle compose un tableau quasi idyllique. Sinon, une cuisinière blanche, standard, fait parfaitement l'affaire, assortie à un réfrigérateur, une machine à laver et autres appareils ménagers de même type, car les appareils en couleur ont un côté bien trop mode. Un immense évier très profond, en grès émaillé, s'intègre bien au décor et s'avère utile au moment de laver les légumes et les plats de cuisson. À l'origine, ces éviers étaient posés sur une base en brique, mais ils peuvent aussi être encastrés dans un plan de travail ordinaire. Ils sont encore fabriqués aujourd'hui, mais essayez plutôt d'en trouver un ancien et de le compléter avec une robinetterie en cuivre et porcelaine.

LE MOBILIER

Par opposition aux cuisines intégrées, les meubles individuels créent une ambiance beaucoup plus authentique, mais si vous possédez déjà une cuisine intégrée (ou si vous les préférez), faites remplacer les portes, souvent laquées, par des portes en bois naturel, neuves ou de récupération. Ou bien faites faire des portes ordinaires en contreplaqué et décorez-les de motifs folkloriques et naïfs au pochoir.

Une solution simple : poncez la laque ou le vernis, appliquez deux couches de peinture à l'huile satinée, unie ou irrégulière et décorez de motifs peints à main levée ou au pochoir.

Si vous refaites entièrement votre cuisine, peut-être l'équiperez-vous de meubles individuels. Il vous faudra un plan de travail, bien sûr, mais surmonté, par exemple, d'étagères ouvertes, où vous exposerez des casseroles en cuivre, de la belle porcelaine, ou de l'épicerie dans des emballages colorés et des boîtes décoratives. Quel que soit leur usage, les étagères de cuisine doivent être solides, en bois naturel ou peintes de la couleur des murs. Simplifiez-vous la vie et rangez les articles utilisés quotidiennement sur des étagères peu profondes, habillées d'un joli papier que vous changerez régulièrement (des napperons de papier dentelle par exemple) ou de la toile cirée, facile à nettoyer, qui rappellera la toile enduite d'autrefois.

Si l'habillage est décoratif, faites-le dépasser le long des étagères, ou bien ornez celles-ci avec du ruban ou de la

CI-DESSUS *Si vous préférez tapisser votre cuisine, choisissez un papier peint résistant à l'humidité, ou bien appliquez, par-dessus, une couche de vernis protecteur.*
Ici, deux râteliers, accrochés au-dessus d'un évier à l'ancienne, permettent de ranger des assiettes de toutes les tailles.

CI-CONTRE *Les murs unis de cette cuisine ensoleillée ont été ornés de petits motifs de fleurs de lis peintes au pochoir, dans une teinte gris-bleu qui s'assortit aux boiseries et au vaisselier, avec une peinture satinée, à la fois jolie et pratique. Sur le rebord profond de la fenêtre, des petits buissons de myrte bien taillés, font transition entre le domaine du cuisinier et le jardin luxuriant.*

dentelle fixés sur un ruban adhésif double face. Toujours au-dessus du plan de travail, accrochez un râtelier pour faire sécher et ranger les assiettes. Utile également, un placard, vitré ou non, fixé au mur, pour protéger la vaisselle de la poussière. Pour cacher les ustensiles inesthétiques et les produits de nettoyage, installez un placard fermé sous le plan de travail, ou des étagères dissimulées derrière un léger rideau lavable, froncé sur une tringle très mince ou sur un fil de fer plastifié. Coupez le fil juste un peu trop court pour qu'il reste parfaitement tendu.

Une grande table bien astiquée est le meuble le plus courant. Souvent équipée d'un vaste tiroir destiné aux couverts, elle sert à préparer les repas mais aussi à les consommer, sur une jolie nappe en coton. Un autre grand classique : le vaisselier ancien, bien que beaucoup aient été construits sur mesure, intégrés et peints de la même couleur que les murs. Si votre cuisine est petite, suivez cet exemple et assortissez votre vaisselier au reste du décor pour qu'il ressorte moins.

CI-DESSUS *Les meubles individuels conviennent mieux à une cuisine campagnarde que les placards intégrés. Assortissez-les à la couleur des murs ou des boiseries. Si vous aménagez vous-même l'espace intérieur, n'espacez pas trop les étagères les unes des autres ; cela vous obligerait à empiler dangereusement la vaisselle pour ne pas perdre trop de place.*

CI-CONTRE *Vaisselle, verres et plateaux utilisés au quotidien sont disposés, à portée de main, sur une petite desserte, surmontée d'une solide étagère. Sans cesse en circulation, ils ne risquent pas d'accumuler la poussière. Un peu plus loin, un buffet mural assez profond abrite les pièces délicates et celles dont on se sert plus rarement.*

Certains meubles, nouveaux venus dans la cuisine, remplacent fort bien les placards courants.

Une robuste commode, par exemple, dont les tiroirs contiennent casseroles, linge et couverts ; ou une armoire qui tient lieu de garde-manger, toute équipée d'étagères et de crochets. Décapez ces meubles et cirez-les, ou peignez-les à la peinture satinée.

Accrochez les objets plus petits à une patère de style Shaker, fixée le long d'un mur : torchons et tabliers, brosses et balais y trouveront leur place, ainsi que les grands faitouts et les paniers pleins de légumes.

Pour dégager les murs, remplacez la porte par des battants de style saloon, à claire-voie de préférence : ils sépareront la cuisine sans isoler la cuisinière qui

CI-DESSUS *Indissociables du style rustique, les carreaux en terre cuite sont faciles à entretenir, très résistants, et supportent parfaitement la forte chaleur dégagée par une cuisinière traditionnelle. Seuls inconvénients : ils résonnent dans une pièce passante et ils sont très froids, à moins que le chauffage ne se fasse par le sol. De plus, aucun objet cassable ne survit à une chute sur des tommettes !*

CI-CONTRE *Relativement doux et chauds sous les pieds, le vinyle et le linoléum sont bien moins chers que la brique, la pierre ou les tommettes. Installés en damier, ils font ressortir le bois ciré et conviennent à tous les styles. Le caractère champêtre de cette cuisine pleine de chats est encore accentué par les fruits et les légumes disposés dans d'immenses jattes en grès.*

pourra les pousser pour passer, même avec les mains pleines.

Si la machine à laver est dans la cuisine, triez votre linge et transportez-le dans des paniers en osier plutôt que dans de vilains sacs en plastique.

Et si vous ne possédez ni corde à linge extérieure, ni sécheuse, installez un séchoir à l'ancienne, composé de tiges de métal insérées dans un cadre suspendu à une poulie qui permet de l'abaisser, puis de le hisser à nouveau. Ce système sert également à faire sécher des fleurs et des herbes.

LES DÉTAILS QUI FONT TOUT

Une fois les meubles installés, peaufinez le décor en sélectionnant des appareils et des accessoires aux qualités à la fois pratiques et esthétiques.

CI-DESSUS *Encadrée de bois naturel, cette porte d'étable très pratique s'ouvre sur la cuisine d'une maison rurale du XVIIe siècle, au cœur de la campagne anglaise. Un joli placard d'angle et des étagères aux rebords festonnés complètent les unités de rangement surmontées d'un plan de travail carrelé. Sur une table peinte hollandaise, on a posé les ingrédients nécessaires à la préparation d'une glace à l'ancienne, parfumée au citron, à la figue et aux feuilles de géranium.*

CI-CONTRE *Utilisez astucieusement l'espace en haut des placards et au-dessus des portes pour entreposer les objets encombrants et rarement utilisés. Vissez aussi des crochets en cuivre sous toutes les planches disponibles pour suspendre des clefs, des petits objets, des tasses et des pichets. Le petit placard carré, accroché au mur du fond, servait jadis, à conserver la viande.*

CI-CONTRE Pour dissimuler des étagères basses, préférez les rideaux en tissu aux portes bien plus coûteuses. Ces joyeux rideaux à carreaux sont en toile cirée facile à entretenir. Sur le mur, le panneau de protection est en papier peint imitant les carreaux de faïence et protégé par un vernis brillant qui ressemble à l'émail.

À la campagne, les ustensiles sont plutôt grands et sobres. Choisissez la taille qui vous convient, mais évitez les décorations faussement naïves comme les gerbes de blé.

Idéales sont les marmites en cuivre, en acier émaillé ou en fonte, les jattes en faïence blanche ou crème, les bols à mélanger et les plats allant au four en porcelaine unie.

Conservez les aliments secs dans des bocaux ventrus ou des pots en grès vernissé. Dénichez dans les brocantes des boîtes peintes en métal, des boîtes en bois, ou les fameux ensembles en faïence bleue et blanche pour la farine, le sucre ou le riz.

Même dans les grandes surfaces, vous trouverez des quantités de contenants divers, ainsi que de la vaisselle, des verres, des bols à mélanger et des récipients à condiments, le tout pour des sommes modiques.

Réunissez et exposez des moules à beurre, des jolis pichets, des bouteilles anciennes en verre moulé, des bocaux, des bols et des assiettes. Gardez vos

CI-CONTRE Dans cette maison du XVIe siècle, les murs, le plafond et les placards de la cuisine ont été peints à l'éponge et au chiffon afin d'obtenir un effet parcheminé, qui contraste joliment avec la couleur des poutres, des meubles et des boiseries.

CI-CONTRE Avant d'être décapés, cirés et lustrés, les meubles rustiques étaient presque tous peints. Pour obtenir ce fini assez grossier, appliquez une couche de peinture, puis essuyez-la avant qu'elle ne sèche, ou bien appliquez de la teinture à bois de façon irrégulière.

couteaux bien aiguisés, à l'abri dans une boîte en bois ou sur un râtelier mural ; conservez le pain dans une panetière et, pour confectionner les gâteaux, pesez vos ingrédients sur une balance ancienne en cuivre ou en émail. Recherchez des faïences d'autrefois que vous nettoierez en les faisant tremper toute une nuit dans de l'eau de javel, de la poudre à laver la vaisselle ou du détersif biologique. Au mur ou au plafond, suspendez une grille pour accrocher des casseroles et autres ustensiles, des chapelets d'ail ou d'oignons, des bouquets d'herbes ou des jambons préparés par vos soins. Et comme les ornements naturels sont souvent les plus beaux, multipliez les herbes aromatiques sur le rebord de la fenêtre (si vous avez de la place, plantez votre jardin d'herbes dans un vieil évier en porcelaine ou dans une auge), disposez les bocaux de conserves en rangs serrés, les paniers tressés et les corbeilles remplies de fruits et de légumes, et présentez des bols en faïence et des paniers en fil de fer remplis d'œufs bruns finement mouchetés.

Quels que soient les moyens dont on dispose, le style campagnard se prête à des décors pittoresques. Et la peinture, qu'elle soit employée sur les murs ou sur les meubles, permet à peu de frais d'obtenir des finitions séduisantes.

Les salles à manger

Que les repas soient pris à la cuisine, dans un coin du salon ou dans une salle à manger, ils occupent une place de choix dans une existence rurale.

AVANT DE COMMENCER

L'espace destiné aux repas doit être assez grand pour que les membres de la famille et les invités occasionnels puissent s'y asseoir, circuler autour de la table et déplacer les chaises.

Si le sol est fragile, protégez-le sous un grand tapis facile à nettoyer en cas d'accident. Un tapis en coco supportera les miettes, mais le vin passera directement au travers. Placez, si possible, à proximité de la table une desserte pour entreposer les plats ou desservir, surtout lorsque les invités souhaitent aider. Entre-temps, elle permettra de disposer la vaisselle, les verres, les couverts et les serviettes.

CI-DESSUS *Quand la place manque, un petit buffet peut servir à la fois de desserte et d'espace de rangement.*

LE MOBILIER

Les tables en noyer ou en acajou bien ciré conviennent aux salles à manger très guindées, pour les autres, une table en merisier, voire en pin ou en chêne suffit. Le choix se porte souvent sur une forme rectangulaire qui s'adapte partout, mais une table ronde à pied central accommode plus d'invités et laisse plus de place aux jambes.

De simples chaises paillées ou cannées ou de type bistrot seront parfaites dès lorsqu'elles sont en bois. Et si elles sont dépareillées, elles n'en auront que plus de charme. Pour inciter vos invités à s'attarder à table, garnissez les chaises de galettes, attachées par des liens et recouvertes de coutil ou de lin. Si vos dîneurs habituels sont assez agiles, remplacez les chaises par de vieux bancs ou par des bancs d'église.

Une planche, ou une desserte du même bois que la table, installée à proximité vous aidera à servir et desservir, mais une console, un bureau ou une table de toilette peuvent s'acquitter des mêmes fonctions. Pour disposer d'encore plus d'espace de rangement, installez au-dessus un placard mural, un placard d'angle ou un râtelier pour ranger les assiettes, ou bien une série d'étagères garnies de crochets où suspendre les tasses. Si vous avez une petite cuisine, et une salle à manger séparée, adaptez certaines idées de rangement que nous avons évoquées : une petite commode à tiroirs pour l'argenterie et le linge de table, ou une armoire garnie d'étagères pour la vaisselle et les verres.

Sur une étagère profonde, fixée sur des tasseaux, placez les soupières et les grands plats dont vous vous servez plus rarement. Et si vos meubles sont peints, vous pouvez toujours les décorer d'un motif au pochoir en forme d'ananas, qui était symbole d'hospitalité chez les pionniers américains.

CI-CONTRE *Un dessus-de-lit écossais frangé habille avec brio la table de cette salle à manger grandiose éclairée aux chandelles.*

CI-DESSUS *Des spots individuels fixés le long d'une poutre et astucieusement orientés donnent à une salle à manger un air très accueillant.*

CI-DESSUS *Avec son sol carrelé, ses murs crépis, son banc de bois sombre et richement ouvragé et sa porcelaine blanche, cette pièce, préparée pour le petit déjeuner, est typiquement française. Cotons de couleur vive et bouquets de fleurs des champs créent une ambiance fraîche et colorée.*

CES DÉTAILS QUI FONT TOUT

Complétez un service de table en porcelaine blanche ou crème avec des pièces chinées dans les brocantes, de la porcelaine peinte à l'éponge ou mouchetée, ou décorée de fleurs et de motifs bleus et blancs... une grande cuvette, sans son broc, par exemple, qui pourra contenir assez de salade pour un bataillon d'invités peut faire l'affaire !

Recherchez aussi les nappes anciennes en coton, à grands carreaux, à rayures, ou brodées au point de croix et de grandes serviettes du même style. Éliminez les bouquets précieux et les centres de tables élaborés pour cultiver la simplicité d'un géranium dans un pot d'argile, d'un bouquet printanier dans un broc ou d'un compotier plein de fruits.

Baignez vos invités dans la lumière vacillante des bougies, bien plus douce à l'heure du dîner. Pour ce faire, suspendez au-dessus de la table un chandelier en cuivre, en métal ou en bois, ou placez un groupe de bougeoirs au centre de la table. Là encore, préférez un mélange de matériaux simples et des bougies blanches ou crème, au cristal taillé ou à l'argent avec bougies parfumées.

CI-CONTRE *Une table de cuisine est un endroit idéal pour présenter nourritures et boissons. Pour ajouter du mystère à l'ambiance d'un repas de fête, disposez des bougies dans tous les coins de la pièce, qui compléteront la lumière de celles que vous avez regroupées sur la table.*

CI-CONTRE *Le bois à la chaude patine, le grand tapis de lirette aux couleurs douces et le jaune doré des boiseries créent une ambiance confortable dans cette salle à manger familiale, typiquement coloniale où règnent les bougies. L'une d'elle reflète sa flamme dans le miroir d'un bougeoir mural, une autre est posée sur la table et d'autres encore garnissent un chandelier suspendu.*

Les salles de séjour

Plus que toutes les autres pièces de la maison, le salon est le cadre d'activités variées pour tous les membres de la famille. Il doit donc être beau et accueillant, mais aussi pratique, peu fragile et d'entretien facile.

AVANT DE COMMENCER

Un salon se compose de quelques éléments essentiels : canapés, sièges d'appoint, tables ou bureau; des espaces de rangement pour les livres, les magazines, les papiers, les équipements vidéo et stéréo et leurs accessoires. Dans la mesure du possible, aménagez la pièce de façon à ce que différentes personnes puissent y pratiquer plusieurs activités à la fois : télévision, conversation ou jeux de société. Ces différents espaces peuvent être délimités par un agencement des meubles en L ou en U, ou par des tapis. Sur un sol dur ou plat, revêtu de sisal ou de coco, tous les tapis sont permis : orientaux précieux ou tapis noués plus modestes ou encore lirette. Sur une moquette-velours de laine clouée, étalez de préférence un kilim, un durrhy ou un droguet tissé.

Mais quel que soit l'agencement, installez des sièges en quantité et des petites tables pour que les dîneurs éventuels n'aient pas à jongler avec les assiettes et les verres. Et même si vous ne dînez jamais au salon, prévoyez une table assez grande pour faire des puzzles ou de la correspondance au cas où vous n'auriez pas de bureau. Pour éviter le désordre, aménagez un espace de rangement deux fois plus grand que celui qui vous est nécessaire.

À GAUCHE *Réconciliant deux mondes opposés, un ordinateur portable trône sur une table de cuisine ancienne, dans une ambiance très champêtre : corbeilles en rotin, boîtes gainées de tissu, pot à crayons en faïence et grand classeur à courrier moderne, en bois. La chaise de style Windsor est particulièrement confortable.*

CI-DESSUS *Détourné de ses fonctions premières et bien astiqué, cet humble pétrin joue parfaitement son rôle de table d'appoint. Un vaste espace de rangement se cache sous son couvercle.*

LE MOBILIER

En proportion avec la grandeur du salon et la corpulence des occupants, les canapés doivent être, avant tout, confortables et moelleux. Un rembourrage de plume est idéal, mais une mousse de bonne qualité est tout aussi souple. Préférez les formes carrées et simples aux courbures affectées. Jadis, canapés et fauteuils avaient un haut dossier qui protégeait des courants d'air, aujourd'hui, grâce au chauffage central, les critères de choix sont principalement esthétiques. Les housses flottantes, faciles à nettoyer, ont aussi un côté décontracté.

Bien que la plupart des fabricants recommandent le nettoyage à sec, les housses en coton, en lin, ou en métis, se lavent très bien à la machine, mais à froid. Le secret est de les replacer humides sur le canapé, de façon à les détendre en douceur. En séchant, elles rétréciront légèrement et s'aplatiront en s'ajustant dans les coins. Si votre housse est garnie d'un cache, d'un pli ou d'un volant dans le bas, repassez cette partie sur le canapé lui-même, ou bien laissez sécher en position et enlevez la housse pour repasser la garniture. Si votre budget vous le permet, offrez-vous une housse pour chaque saison: lin aux tons passés pour l'été et lainage sombre et douillet pour l'hiver. Si c'est impossible, marquez tout de même

CI-DESSUS *L'ambiance douillette de ce salon est créée par une riche collection de textiles anciens qui habille les fenêtres, les meubles, le sol et les coussins. L'effet irrégulier de peinture verte qui recouvre les murs est assez neutre pour mettre les tissus parfaitement en valeur et les meubles qui ont été choisis pour leur sobriété. L'accessoirisation, à la limite de l'austérité, se compose d'une tringle en cuivre, de cadres sans prétention, d'un cache-pot en osier et d'un panier à bûches.*

les saisons en drapant le canapé tantôt d'un plaid tricoté, tantôt d'une courtepointe en coton clair. Ravivez instantanément la mine d'un canapé aux ressorts encore solides, mais à la tapisserie usée, en le drapant d'un immense boutis, d'une couverture, d'un dessus de lit ou d'un grand morceau de tissu ourlé. Vous obtiendrez une housse toute simple, qui fera beaucoup d'effet.

Outre les canapés, il faut aussi d'autres sièges ! Un fauteuil à bascule, par exemple, sympathique avec son air décontracté, ou une ottomane, que l'on peut déplacer facilement et où l'on peut poser des verres ou des journaux. Quelques sièges en châtaignier ou en osier, des chaises de bistrot, avec accoudoirs et galettes pour plus de confort, serviront aux invités-surprise ou dans la salle à manger.

Si votre salon possède une grande baie vitrée ou une fenêtre en saillie, faites construire une banquette. Dessus, installez un rembourrage et des coussins pour la lecture ; dessous, fixez une porte qui la transformera en placard, ou des charnières sur la planche-siège qui en feront un coffre bien pratique.

L'utilité des tables basses est indéniable, mais il n'en est pas qui soient d'époque, ou authentiquement rustiques. Un bon compromis : le coffre bas, qui offre un espace de rangement supplémentaire, ou une table aux bonnes dimensions, dont vous aurez scié les pieds.

Les tables d'appoint peuvent être hautes, carrées, rectangulaires ou rondes comme les guéridons Shaker si gracieux sur leur piètement, parfaits dans les petits salons. Si votre table a vieilli, camouflezla sous une cotonnade, un velours, un tissu molletonné ou même un châle en laine ou en soie. L'effet devant être spontané, évitez par-dessus tout les falbalas en chintz, chers aux décorateurs.

Dans la plupart des salons, les espaces de rangement sont constitués par des étagères intégrées. Choisissez-les solides et épaisses pour supporter le poids considérable des livres et des disques et pour leur permettre d'échapper au regard critique qu'appellent les pauvres étagères trop minces qui finissent toujours par cintrer. Si nécessaire, posez une bordure assez large pour leur donner une épaisseur visuelle et, à moins qu'elles ne soient en bois précieux, peignez-les de la couleur des murs, pour mettre en valeur les objets qu'elles supportent.

CES DÉTAILS QUI FONT TOUT

Pour adoucir l'ambiance d'un salon et le rendre instantanément confortable, misez sur un assortiment varié de coussins. Confectionnez-les vous-mêmes dans de vieux rideaux, couvre-lits ou tapis usagés. Pour coudre ces tissus épais, il vous faudra une aiguille spéciale sur la machine à coudre, ou une aiguille semicirculaire de tapissier si vous cousez à la main, de gros ciseaux et du fil solide. Une fois le travail terminé, coupez le tissu en excédent dans les coutures et incisez les coins en biais pour aplatir.

Même si vous n'avez pas de cheminée, équipez le salon d'une énorme corbeille à bûches qui recueillera les journaux, les magazines ou les jouets. Remplacez cache-pots et jardinières trop chics par des paniers. En guise de tableaux, accro-

CI-DESSUS Les gigantesques tournesols des champs voisins ont inspiré l'harmonie en vert et jaune d'or de cette petite maison rurale. Afin de briser une étendue assez vaste de couleur unie, la porte intérieure a été décapée et cirée, et le sol recouvert d'un tapis en paille tressée. Le guéridon, très stable sur ses trois pieds, est l'un des éléments favoris dans les maisons anciennes.

CI-DESSUS Le papier peint imprimé de rayures abricot pâle sert de toile de fond à une collection d'assiettes anciennes et à un bouquet de roses épanouies dans un pichet. Les bougies blanches éclairent la scène, sans trop se faire remarquer.

CI-DESSUS *La décoration de cet impressionnant salon s'est largement inspirée du style suédois. Si les canapés en fer forgé, les bougeoirs filiformes et la collection de cadres vides sont incontestablement modernes, le parquet blanchi, les voilages et la cotonnade rayée bleue et blanche sont typiquement Carl Larsson.*

chez aux murs des vanneries ou des grands plateaux en osier.

À moins que votre salon ne soit celui d'un manoir où seuls les portraits de famille, les scènes de chasse et les planches botaniques ont droit de cité, décorez vos murs d'abécédaires, de portraits naïfs ou de tapisseries brodées.

Côté éclairage, préférez les lampes de table toutes simples en bois, en terre cuite ou en cuivre aux copies prétentieuses... ou aux bouteilles et bocaux déguisés en lampe.

Assurez-vous d'une bonne luminosité en choisissant des abat-jour dans des tons blancs ou écrus. Et, s'ils sont flambant neufs, vous pouvez les vieillir en leur appliquant une fine couche de peinture ton sur ton, bien diluée.

CI-DESSUS *Dans ce salon d'inspiration coloniale, une peinture bleu canard, très subtile, fait ressortir les veines des boiseries tandis que des bougeoirs originaux, protégés par une flûte en verre, ont été fixés au-dessus de la cheminée. L'éclairage est cependant assuré par une lampe en cuivre garnie d'un abat-jour écru qui dispense une franche clarté.*

Les chambres à coucher

À la campagne, le cadre d'une chambre à coucher peut varier du tout au tout, depuis la très anglaise exubérance florale jusqu'à la sobriété quasi monacale d'une chambre provençale, avec son plancher nu et son crucifix accroché au mur. Lieu privé, réservé au sommeil, à la toilette, à la détente, sa décoration n'est pas soumises aux mêmes impératifs pratiques que les autres pièces de la maison.

AVANT DE COMMENCER

Même la chambre la plus dépouillée est au moins équipée d'un lit et d'un endroit pour ranger les vêtements, les objets personnels et les accessoires de toilette. Le lit doit être installé en premier lieu puisque c'est lui qui prend le plus de place. En Grande-Bretagne et aux États-Unis, on le positionne souvent perpendiculairement au mur ; en France le long d'un mur, ce qui est moins encombrant. Avant de vous décider, veillez à ce que la pièce contiguë ne soit pas trop bruyante et équipez le lit de roulettes pour le déplacer facilement au moment du ménage.

Sur un plancher, un revêtement en sisal ou un coco rugueux, posez un tapis qui sera doux aux pieds nus.

Comme dans les cuisines, les meubles individuels sont plus authentiques, mais si l'espace - ou le budget - est limité, installez des étagères et une penderie le long d'un mur et camouflez l'ensemble, du plafond au plancher et d'un mur à l'autre, derrière un rideau en coton naturel, ou derrière un tissu bon marché.

CI-DESSUS Des pans de mousseline généreusement froncés donnent un air romantique, léger et champêtre à ce grand lit à baldaquin. Le volant, formé par la retombée des rideaux, souligne la gracieuse courbure du cadre.

Une chambre d'amis se contentera d'un espace de rangement réduit : un petit coffre, par exemple, complété par un porte-manteau perroquet ou une rangée de crochets en cuivre avec quelques cintres.

Si vous disposez d'un peu de place, installez dans un coin un fauteuil confortable et une lampe de lecture qui procureront un havre de paix loin de l'agitation familiale.

Bien des chambres campagnardes possèdent une petite cheminée. Si la vôtre a été condamnée, remplissez le foyer de pommes de pin odorantes ou de fleurs séchées. Si elle fonctionne encore, offrez-vous le plaisir d'y faire du feu et installez un pare-feu qui vous permettra de vous endormir sans crainte à la douce lueur des braises.

LE MOBILIER

Dans un manoir ancien, les lits peuvent être habillés de chintz ou de dentelle, mais la plupart du temps, ils ont des montants en cuivre, en fer forgé ou en bois. Vous pouvez même trouver pour un prix très raisonnable des vieux lits ayant appartenu à des collectivités. Si une tête de lit ancienne vous séduit, prenez bien les mesures afin de pouvoir lui adapter un matelas neuf. N'achetez jamais un matelas usagé qui aura gardé l'empreinte de son ancien propriétaire.

Le lit-bateau, appelé lit-luge en Angleterre, avec sa tête et son pied en bois incurvé, a beaucoup de charme.

Si vous avez un sommier tout simple, achetez une tête de lit, ou créez l'illusion en accrochant une courtepointe ou un petit tapis sur le mur. Évitez les motifs surpiqués et compliqués, coordonnés aux rideaux ou au couvre-lit, l'effet décoratif serait trop élaboré et mieux vaut ne pas avoir d'effet du tout.

À GAUCHE Habillé d'un drapé très léger et relativement discret, ce lit blanc illustre parfaitement le style colonial de cette maison de Mount Vernon. Le parquet à lames très larges, les boiseries contrastées et les portraits sont également typiques de ce style.

CI-CONTRE *Bien que ce décor soit très moderne, il s'inspire quand même du style colonial avec ses appliques murales et ses cache-sommier très « couture ». La prédominance du blanc et des draps et taies rayés de bleu donnent à cette chambre fraîche des airs de bord de mer.*

CI-CONTRE *Dans un coin de chambre ensoleillé, s'épanouit un ravissant mélange de dessins géométriques en bleu et blanc, composé d'un store et d'un papier peint rayés, d'un dessus-de-lit et d'un cache-sommier à carreaux et d'une courtepointe surpiquée de triangles en appliqué. En complément, la table de nuit est habillée d'un classique tissu à torchon bordé d'un passepoil.*

CI-DESSUS *Le guingan à carreaux, le plancher cérusé, les meubles en bois et le tapis rayé de cette chambre sont directement inspirés du style scandinave et de Carl Larsson. Les placards intégrés de chaque côté de la cheminée, avec leurs « fenêtres » grillagées doublées de rideaux, tirent parfaitement parti de l'espace.*

Pour une note parfumée, attachez à votre tête de lit un brin de lavande ou d'herbes odoriférantes nouées par un ruban ou un lien de dentelle.

Près du lit, installez une petite table en bois ou en bambou, ou une malle en osier ou en métal, qui seront pratiques pour le rangement.

Dans une chambre rustique, les penderies et les coffres sont en pin ou en chêne, naturels ou peints : en Angleterre, seuls les grands manoirs possèdent des meubles richement lustrés. Les brocantes regorgent de meubles en chêne sombre, qui, si la forme est belle, ont souvent beaucoup d'allure, une fois débarrassés de leur vilain vernis.

Si votre penderie n'est pas tout à fait assez grande, rangez les vêtements hors saison dans des corbeilles en osier empilées dans un coin ou sur le dessus de l'armoire et utilisez une corbeille identique pour le linge sale.

Vous vous maquillez dans votre chambre ? Aménagez un endroit où poser des flacons et des pots, ainsi qu'un miroir et un siège. Mais préférez une table solide ou un bureau avec une chaise en bois à une coiffeuse juponnée avec pouf coordonné. Pour libérer la salle de bains, équipez la chambre d'un petit lavabo blanc, dissimulé derrière un joli paravent en tissu, ou encastré dans une table de toilette qui portait autrefois cuvette et

CI-DESSUS Un coin de grenier assez sombre est devenu confortable et gai, grâce au semis de fleurs du papier peint qui tapisse les murs et le plafond, aux rideaux couverts de roses et aux accessoires fleuris posés ici et là. Installé contre le mur, le lit aux lignes sinueuses est habillé de blanc immaculé.

broc en porcelaine pour les ablutions matinales.

CES DÉTAILS QUI FONT TOUT

Les puristes ne supportent que les draps en coton ou en lin blancs, parfois brodés de jours. Vous pouvez ajouter vous-même une petite bande de dentelle ou un croquet le long du drap et autour des taies d'oreiller. Le linge blanc est authentique et pratique aussi, puisqu'il va avec tout, éliminant le risque de ne conserver qu'une pièce dépareillée quand les autres sont usées. Les carreaux et les rayures sont acceptables, mais pas les fleurs trop grandes ou trop exotiques. Et quand vous pliez vos draps fraîchement lavés, glissez-y des sachets de lavande, ou d'autres fleurs, pour les parfumer.

Les couettes sont aussi douillettes, pratiques et confortables que les édredons en duvet d'autrefois, mais les couvertures en pure laine sont très belles à regarder, surtout lorsqu'elles sont bordées par le rabat impeccable d'un joli drap amidonné.

Délaissez les tissus soyeux ou volantés et habillez le lit d'un dessus-de-lit au crochet, blanc ou écru, en coton, en lin ou même en tuft et d'un cache-sommier, plat ou légèrement froncé. Pour confectionner un cache-sommier en dentelle, choisissez une petite largeur de dentelle de coton avec lisières, froncez et cousez autour d'un morceau de doublure de rideau, légèrement plus étroit que le lit. Installez l'ensemble entre le sommier et le matelas et laissez retomber la dentelle jusqu'au sol.

Collectionnez les coussins en dentelle en confectionnant des housses avec des napperons de table ou de plateau, des têtières et des protège-accoudoirs de fauteuil, ou des grands mouchoirs. Pour un résultat instantané, glissez un coussin en plume dans une housse à chemise de nuit ou à pyjama et cousez ensuite l'ouverture à la main.

CI-CONTRE *Les motifs floraux sont parmi les plus populaires dans les maisons de campagne. Ils courent ici sur la porcelaine, les tissus, les coussins et les tapis et sur les tableaux alignés le long des murs. Le baldaquin est constitué par un couvre-lit en dentelle chinoise très découpée.*

CI-CONTRE *Dans cette chambre minuscule, les murs pâles et le sol tapissé de coco créent une sensation d'espace et attirent l'attention sur le lit ravissant, en cuivre et sur le superbe drapé des doubles rideaux.*

Les chambres d'enfants

CI-DESSOUS Un enfant a besoin de peu de meubles à sa taille, mais un berceau est indispensable ainsi qu'une ou deux petites chaises. La commode, assez petite, est parfaite pour cette chambre habitée, en permanence, par une famille de poupées anciennes et de poupées en chiffon au visage peint.

Contrairement à celles des adultes, les chambres d'enfants doivent absolument être pratiques et à toute épreuve, faciles à entretenir, ce qui ne les empêche pas d'être agréables aussi, puisqu'elles servent, la plupart du temps, d'espace de jeu pour les tout-petits.

AVANT DE COMMENCER

Les enfants ont souvent des idées précises sur leur environnement. Intéressez-les à l'aménagement de leur chambre, ils n'en seront que plus satisfaits d'y dormir, d'y jouer et d'y recevoir leurs copains.

Le revêtement de sol idéal doit être

lavable et résistant ; pas trop dur, pour éviter aux tout-petits de se faire mal en tombant et de casser leurs jouets. Un tapis lavable, des dalles de moquette, du vinyle, du linoléum ou du liège sont tout à fait indiqués. Pour les enfants un peu plus grands, installez un plancher l'on pourra éventuellement peindre une cour de ferme, une voie ferrée, un damier ou d'autres motifs.

Sur les murs, la peinture lavable est la plus pratique, la plus rustique et la plus neutre, face à l'inévitable pagaille de vêtements, d'images, et de jeux. Il existe de nombreux motifs de papier peint destinés aux enfants, mais n'oubliez pas qu'il faudra tout refaire dans quelques années, les petits étant capables d'infliger des dommages sévères au décor. De plus, leurs goûts changent et des murs couverts de mignons lapins risquent de provoquer des réactions violentes chez un « dur » de cinq ans.

Si vous tenez au papier peint, choisissez-le sobre et posez-le seulement jusqu'à une moulure à hauteur de chaise. Peignez ou recouvrez de lambris le bas du mur. Ou bien décorez les murs de dessins au pochoir ou à main levée, faciles à effacer le moment venu.

CI-CONTRE *Un enfant plus âgé a besoin de confort pour travailler et se détendre et d'espace pour exposer ses jouets préférés. Dans cette chambre de style colonial, à Philadelphie, un grand coffre peint sert à la fois de rangement et de présentoir. Fixée au mur, une maquette ancienne et originale devient peu encombrante et reste hors de danger.*

CI-CONTRE *Un badigeon rose égaie cette chambre d'enfant et fait ressortir la couleur des livres, des jouets et des dessins. La solide table à deux tiroirs servira de bureau plus tard, quand les stylos auront remplacé les crayons de couleur.*

LE MOBILIER

Inutile d'équiper une chambre d'enfant d'un mobilier miniature, cher, vite démodé et sans objet à la campagne. Les seules petites pièces indispensables, le berceau ou le petit lit en métal ou en bois et une chaise d'enfant, peuvent être complétées par des meubles standard qui rempliront des fonctions variées au cours de la croissance. Une table basse, par exemple, possède la hauteur idéale : un tout petit y dessine, un plus grand s'agenouille pour y jouer, un adolescent y pose tasses et cafetière. De la même manière, une penderie peut être équipée d'étagères supplémentaires en son milieu lorsque l'enfant grandit.

CI-CONTRE *Quel plaisir de ramper sur ce tapis tout doux, posé sur un revêtement de coco ! Quant au confort du fauteuil capitonné, il doit séduire les parents à l'heure de la lecture ! Le décor est assuré par une frise de papier peint, fidèle au thème animalier qui domine la pièce.*

Par le passé, on reléguait dans la chambre d'enfant les meubles endommagés : le canapé sur le point de rendre l'âme, bientôt transformé en fort assiégé, en fidèle destrier ou en galion secoué par la tempête et la vieille table qui pouvait tout supporter, des égratignures aux taches de peinture. Mais un enfant qui grandit a besoin d'un bon soutien, il lui faut donc un matelas neuf. Dès que le lit devient trop petit, remplacez-le par un lit standard, à une place qui durera jusqu'à l'âge adulte et placez, dessous, un lit d'appoint sur roulettes pour les invités.

Limitez le désordre en aménageant des espaces de rangement suffisants. Préférez les corbeilles en osier et les coffres en bois aux boîtes en plastique. Étagères et bibliothèques accueilleront les peluches, les jeux et les livres. À hauteur d'épaule d'enfant, fixez au mur une patère de style Shaker, pour suspendre les vêtements et les sacs à jouets.

CES DÉTAILS QUI FONT TOUT

Si le sol est dur, recouvrez-le d'un tapis chaud et confortable, lavable de préférence, ou d'une toile enduite, de style colonial : épaisses, recouvertes d'enduit, de peinture puis de vernis, elles sont faciles à confectionner chez soi. Choisissez une toile de petite taille et décorez-la avec le prénom de l'enfant en grosses lettres ou avec un personnage de dessin animé.

Plus naturels, les peluches, les jouets en bois et les poupées resteront visibles au détriment des miniatures en plastique et des jeux vidéo. Essayez de chiner une maison de poupée ancienne, des animaux de ferme ou le classique cheval à bascule qui, à une certaine époque, servait à familiariser les enfants avec l'unique moyen de transport existant.

CI-DESSUS *Gros plan sur un détail de la chambre précédente où un joli porte-manteau fantaisie est accroché, à hauteur d'enfant. Derrière la porte, un autre crochet permet lui aussi d'utiliser au mieux l'espace.*

Les salles de bains

La salle de bains idéale d'une maison de campagne fait rimer charme traditionnel avec chauffage et efficacité modernes. Elle est donc simple, sans austérité et jolie, mais avec le confort en plus.

AVANT DE COMMENCER

Si la cuisine est soumise à la vapeur, les différentes surfaces de la salle de bains sont, elles, directement en contact avec l'eau.

Le bois, le carrelage, le vinyle, le linoléum ou le liège sont parmi les meilleurs revêtements de sol. La moquette clouée n'est pas conseillée, mais un petit tapis lavable ou tapis de bain apporte une touche de douceur.

Idéalement les murs sont peints, mais si vous posez du papier, choisissez une qualité résistant à l'humidité. Dans une grande pièce, car bien des salles de bains ont été installées dans d'anciennes chambres, un papier ordinaire suffit, si vous lui appliquez un produit de protection spéciale ou deux couches de vernis polyuréthanne. Autour de la baignoire et du lavabo, posez des carreaux de faïence classiques, bordés, peut-être, d'une frise de carreaux décoratifs anciens.

LE MOBILIER

Les appareils sanitaires de couleur blanche sont les plus authentiques et conviennent le mieux.

À GAUCHE *La peinture est le meilleur choix pour les murs d'une salle de bains. Ce fini « nuagé » a été obtenu en appliquant une couche de base bleu-ciel, puis un mélange de glacis et de peinture satinée au chiffon.*

CI-DESSUS *Dans la minuscule salle de bains de cette maison rurale du XVIIe siècle, le lavabo est équipé d'un robinet-mélangeur ancien en cuivre. Les poignées cruciformes, ornées de porcelaine, sont faciles à manipuler, même avec les mains mouillées.*

La baignoire traditionnelle, en fonte et porcelaine, à bord recourbé est difficile à trouver, chère et très lourde pour les salles de bains en étage. La baignoire moderne, en résine synthétique, est tiède au toucher, légère, mais également très chère et dénote un peu dans un cadre rustique. Le choix se portera donc sur une baignoire en acier émaillé, de bonne taille. C'est aussi le choix le plus économique. Ne la prenez pas trop grande, elle prendrait trop de place et consommerait trop d'eau. Vous pouvez l'habiller soit de carreaux de faïence soit de lambris peint ou verni.

Le lavabo peut être encastré dans un comptoir, une table de toilette ancienne, ou une desserte ou, plus communément, supporté par une colonne. Dissimulez cette colonne derrière un jupon froncé, monté sur velcro, qui cachera aussi les produits de nettoyage et les rouleaux de papier hygiénique. Au-dessus du lavabo, installez un miroir assez grand pour qu'il puisse convenir aux tailles variées des utilisateurs.

Abritez les petits articles de toilette dans une armoire en bois accrochée solidement au mur par des fixations comme celles que l'on utilise pour les miroirs. Pour les articles plus grands, les serviettes et les gants de toilette, ajoutez, si possible, une petite commode en bois, ou une table en bambou garnie d'étagères. Un fauteuil en rotin, ou en bois accueillera les vêtements épars.

CES DÉTAILS QUI FONT TOUT

Pour compléter le décor, jouez avec les accessoires en cuivre ou en bois. Si vous disposez d'un peu d'espace, offrez-vous un séchoir sur pied, sinon, étendez les serviettes sur une longue tringle en cuivre fixée au-dessus de la baignoire ou le long d'un mur.

La couleur des serviettes ? Blanches, bien sûr, ou unies et, près du lavabo, placez

CI-CONTRE *Les meubles en bois ciré ne peuvent trouver place que dans une très grande salle de bains où l'humidité et la condensation les endommageront moins.*

deux petits essuie-mains immaculés, bordés de dentelle ou de jours. Les rideaux de douche prêts à poser sont souvent imprimés de couleurs vives ; faites le vôtre en tissu uni, doublé de plastique transparent ou blanc.

Rangez les éponges, la pierre ponce ou le gant de crin, les petites bouteilles et les pots dans des corbeilles en osier ; le savon dans des soucoupes en porcelaine ou en verre chinées aux Puces ; les brosses à dents dans de grands verres, les brosses ou peignes dans de grands pots. Offrez à la balayette des toilettes un réceptacle élégant : un grand pichet ou un broc en porcelaine.

Plutôt que des dessins ou gravures sensibles à l'humidité, décorez les murs avec des panneaux décoratifs. L'environnement n'est pas propice, non plus, aux fleurs fraîches ou séchées, mais les plantes vertes s'épanouiront, surtout si la lumière est abondante. À l'humidité, les herbes odoriférantes, comme le jasmin ou le géranium parfumé, dispenseront volontiers leur délicat parfum.

CI-CONTRE *Dans la salle de bains de ce cottage anglais, les motifs au pochoir, d'inspiration coloniale américaine, sont joliment encadrés par les poutres sombres.*

CI-CONTRE *Une atmosphère de luxe et de chaleur se dégage de cette salle de bains aux murs jaune doré, ornée de bibelots anciens et d'étoffes précieuses.*

CI-DESSOUS *Un décor tout blanc donne une impression de pureté et de propreté, mais ce choix n'est judicieux que si toutes les surfaces sont lavables. Dans ce cadre monochrome, une plante aux feuilles pointues et un fauteuil en branchages découpent leur silhouette telles des sculptures.*

À DROITE *Composez des natures mortes avec vos plus jolis savons et articles de toilette en les disposant sur des présentoirs anciens, en verre ou en porcelaine.*

Entrées, escaliers et paliers

L'entrée, les escaliers et, parfois, le palier qui les surplombe donnent à vos visiteurs une première et une dernière impression de votre maison. Pourtant leur aménagement peut facilement être négligé si toute votre attention est concentrée ailleurs.

Puisque ces espaces servent à établir un lien avec le reste de la maison, tentez de leur conserver une certaine unité. Souvent étroits et sombres, ils gagnent à être peints en ocre jaune, en vieux rose ou en terre de Sienne claire. Dans les mai-

CI-DESSUS *L'entrée d'une maison cossue est souvent aussi vaste qu'une autre pièce. Dans celle-ci, un banc malais peu ordinaire est miniaturisé par un arrangement floral gigantesque, qui marie branches de peuplier et trachelium.*

CI-CONTRE *Cette entrée accueillante au sol de pierre, allie élégance et sens pratique. Un portière épaisse, suspendue à une tringle articulée, protège la porte des courants d'air. À portée de main, une collection de chapeaux, de cannes et de sacs se tient prête à l'emploi.*

CI-CONTRE *Un rose intense, inattendu dans cette entrée de ferme, sert de lien entre le sol en pierre grise, le mobilier sombre et les poutres en mélèze. Pour obtenir la couleur, on a mélangé de la chaux à de l'ocre rouge, dont on se sert pour marquer les moutons.*

sons anciennes, les entrées étaient souvent construites en pierre : si l'âge, la taille et la situation géographique de votre maison s'y prêtent, pourquoi ne pas reproduire ce matériau en trompe-l'œil ? Mais prenez garde : si vous vivez dans un cube moderne ou un petit pavillon XIXe, cette initiative risque de frôler le ridicule.

Choisissez un sol dur et facile à nettoyer, en brique, en pierre ou en tommettes. Sinon, placez un grand paillasson devant la porte d'entrée pour essuyer les pieds boueux.

La plupart des entrées modernes sont trop petites pour être meublées, mais si vous avez de la place, équipez-la d'une banquette ancienne, d'un banc, ou même d'une petite chaise. Accrochez les vêtements encombrants sur un grand portemanteaux ou vissez de larges crochets en cuivre sur une planche fixée au mur.

Une table s'avère bien pratique pour déposer les clefs, les gants, les sacs et les lettres, mais si l'espace vous manque, installez une étagère profonde à la place ou, en dernier recours, un panier à bicyclette suspendu à un crochet.

Fixez sur le mur un grand miroir encadré de bois pour jeter un dernier coup d'œil à votre toilette et, bien sûr, un thermomètre, indispensable lorsqu'on habite la campagne !

Près de la porte, un porte-parapluie, qui servira aussi à déposer les cannes, vous rendra de multiples services.

CI-CONTRE *Un porche voûté en pierre, avec une banquette en pierre intégrée, protège cette lourde porte des intempéries.*

CI-DESSUS *Un escalier plutôt ingrat a été transformé en paradis tropical, grâce à une couche de peinture rose, à un assortiment de fleurs carminées et écarlates et à quelques fruits exotiques. Des étoffes aux couleurs vives – batiks et kilims en harmonie – apportent une note intime aux déjeuners d'été.*

Les vérandas

Authentique jardin d'hiver de style 1900 ou petit appentis vitré, une véranda est une retraite, loin de la foule en délire, où règnent la lumière, les couleurs et les parfums de la campagne.

Son style doit se confondre avec celui de la maison : une impressionnante charpente gothique ne sied pas à un pavillon de banlieue. Pensez à y installer le chauffage central : le coût est plus élevé, mais vous profiterez de votre véranda toute l'année, et les plantes vertes en bénéficieront aussi.

Nul n'exige que l'extérieur de votre véranda soit peint en blanc ; en fait, le vert se marie bien mieux à la nature et, si elle doit vous servir de serre, faites poser un sol en pierre, en brique, en faïence, en tommettes ou en dalles de ciment, parfaitement étanche. Un bon écoulement est absolument essentiel et, comme les murs sont exposés à l'humidité, c'est la

CI-CONTRE *Plus qu'un jardin d'hiver, cette véranda est une pièce supplémentaire, confortable et gaie, grâce aux superpositions de kilims et aux flots de tissu rayé qui la protègent des ardeurs du soleil. Sous une jolie cage suspendue du début du* XIXe *siècle, une solide table de cricket porte un pichet rempli de fleurs des champs.*

peinture, claire de préférence, qui résistera le mieux, tout en servant de toile de fond aux plantes et aux fleurs qui ne manqueront pas de s'y développer.

Des meubles aux formes simples, en rotin ou en bois non ciré résistant à l'humidité, s'intègrent mieux que le plastique à ce milieu naturel ; également ravissant, le mobilier de jardin en fonte, ou sa version moderne, en acier ou en aluminium, plus légère et moins sujette à la rouille. Choisissez une peinture verte ou un mélange de pastels crémeux, plus judicieux que le blanc.

Si déjeuner dans la véranda fait partie des bonheurs du jour et si la vôtre est trop petite pour accueillir une table de taille normale, procurez-vous un modèle pliant.

Comme dans la maison, choisissez des plantes bien acclimatées et cultivez-les dans des baquets en bois ou dans des pots en argile. Disposez les plus petites sur un présentoir ou des rayonnages et faites grimper de l'ampélopsis le long des murs et des verrières.

Complétez le décor avec des leurres en forme d'oiseaux, que vous pouvez dissimuler dans les branches les plus solides. Disposez également des bougies au milieu des plantes pour qu'elles animent joliment les murs d'étranges silhouettes, à la nuit tombée.

CI-CONTRE *Des murs grossièrement crépis, des tommettes anciennes et des meubles aux lignes arrondies, en rotin et en fer forgé, donnent des airs de Provence à cette véranda anglaise. Fixé au mur, un miroir victorien reflète un maximum de lumière et juste au-dessous, une table de toilette ancienne, au plateau de marbre, offre aux plantes vertes un support parfaitement étanche.*

L'aménagement

Badigeon

Effets de peinture

Toutes les techniques

Le style campagne désigne des meubles, des sols, des objets et des décorations murales qui, à l'intérieur de la maison, évoquent et s'inspirent de l'extérieur. Des couleurs en harmonie et quelques effets spéciaux de peinture faciles à réaliser, ainsi que le sens du pratique et de l'improvisation, permettent de créer rapidement une ambiance authentiquement rustique, dans n'importe quelle pièce de la maison.

LE BADIGEON

Il donne aux murs un aspect diaphane. Les teintes claires s'y prêtent particulièrement bien, créant dans la pièce la plus sombre une atmosphère fraîche et aérienne.

LA TECHNIQUE Utilisez de l'émulsion (à l'eau) ou de la peinture glycérophtalique (à l'huile) pour réaliser le badigeon. L'émulsion séchant plus vite, elle permet d'obtenir une plus grande densité de couleur.

Appliquez une couche de base d'émulsion satin ou vinyle soie, et laissez sécher. Diluez la peinture destinée au badigeon avec le solvant approprié, jusqu'à obtenir une consistance laiteuse et teintez avec le pigment choisi. Appliquez grossièrement le badigeon à la brosse et frottez ensuite avec un chiffon pendant qu'il est encore humide.

Laissez sécher une nuit avant d'appliquer une deuxième couche de la même manière.

LA PEINTURE LISSÉE

En faisant glisser la brosse souplement sur un glacis humide, on obtient une

Peinture lissée

série de lignes laissant transparaître la couche de base. Utilisez ce procédé avec discernement car son aspect un peu formel ne convient pas toujours à l'esprit rustique.

LA TECHNIQUE Utilisez une peinture à l'eau, à l'huile ou un glacis. Les peintures à l'huile séchant moins rapidement, elles sont plus faciles à travailler.

Appliquez une couche de base d'émulsion satin ou vinyle soie et laissez sécher. Diluez le glacis puis teintez-le avec le pigment choisi. Appliquez une bande de couleur, du plafond à la plinthe, en couche très mince. Pendant que la peinture est encore humide, faites glisser une brosse large, sèche, de haut en bas. La couleur de base apparaît au travers des lignes. Répétez l'opération jusqu'à ce que la surface entière soit recouverte.

LE POCHOIR

Le pochoir est un motif appliqué de manière répétitive sur une surface unie trop étendue, pour la « casser ». Elle s'applique à un mur, un sol, un meuble.

LA TECHNIQUE Dessinez votre motif sur un carton fort, une feuille de rhodoïd, ou achetez un kit prêt à l'emploi.

Essayez de découper le motif avec le plus de précision possible. La surface à décorer doit être sèche et déjà recouverte d'une couche de base. À l'aide d'un crayon à papier, marquez des points de repère sur la surface à décorer. Fixez le pochoir à l'endroit voulu avec de l'adhésif ou du fixatif en bombe.

Tamponnez graduellement la première couche de couleur à travers le pochoir. Laissez sécher avant de décoller le pochoir et de le positionner à l'emplacement du prochain motif. Répétez l'opération jusqu'à ce que toutes les couleurs aient été appliquées. Recouvrez de vernis incolore.

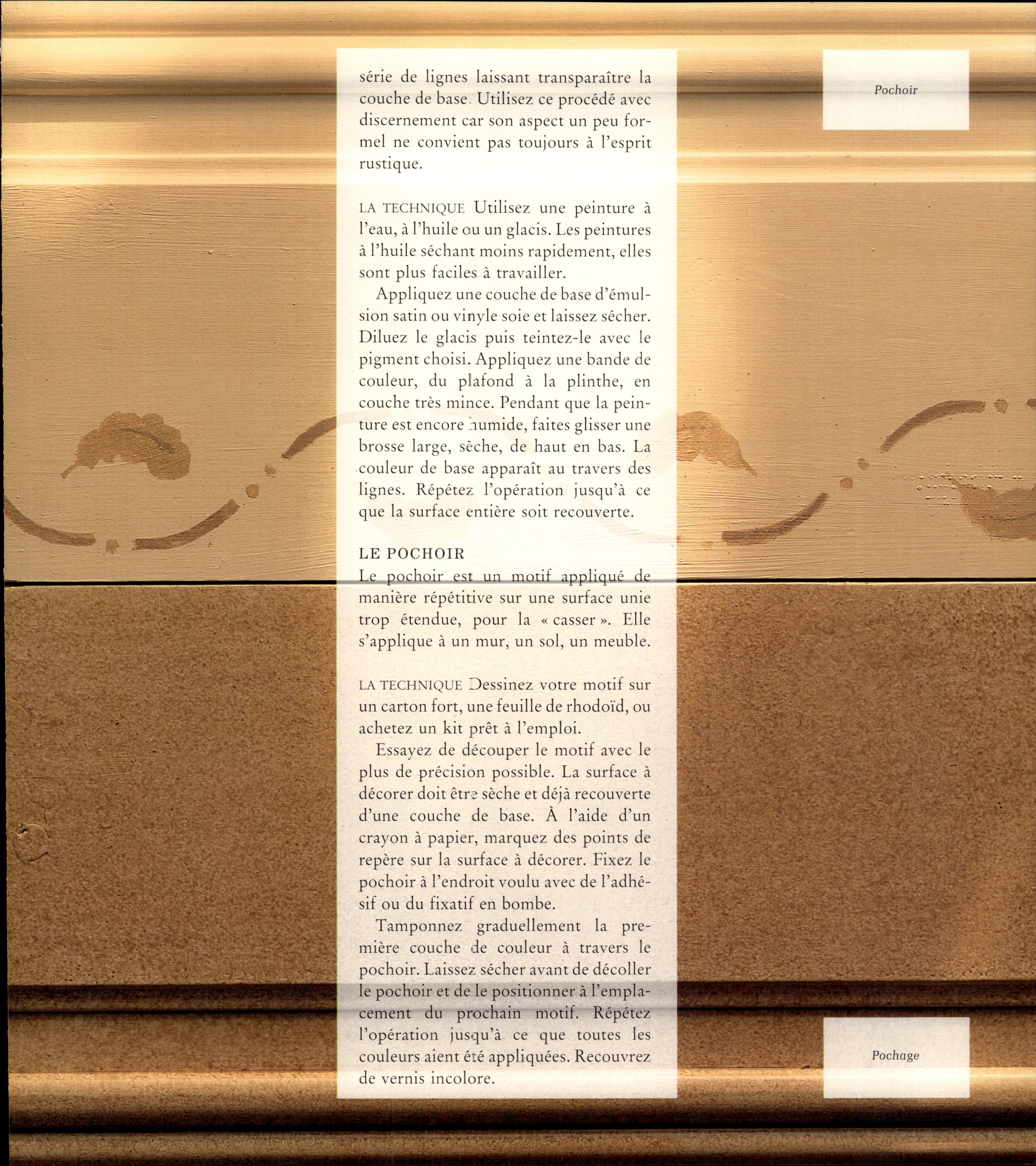

Pochoir

Pochage

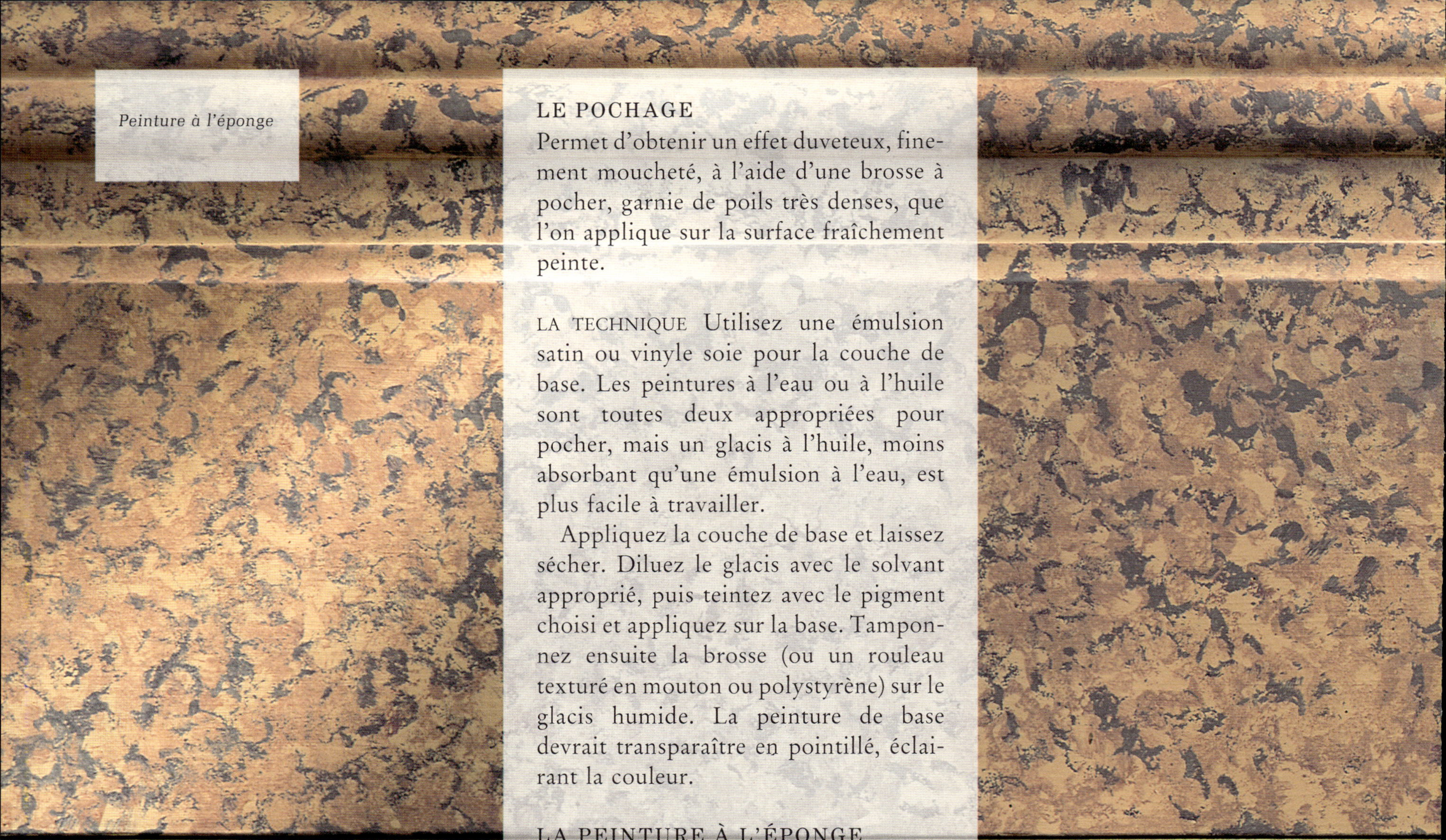

Peinture à l'éponge

LE POCHAGE

Permet d'obtenir un effet duveteux, finement moucheté, à l'aide d'une brosse à pocher, garnie de poils très denses, que l'on applique sur la surface fraîchement peinte.

LA TECHNIQUE Utilisez une émulsion satin ou vinyle soie pour la couche de base. Les peintures à l'eau ou à l'huile sont toutes deux appropriées pour pocher, mais un glacis à l'huile, moins absorbant qu'une émulsion à l'eau, est plus facile à travailler.

Appliquez la couche de base et laissez sécher. Diluez le glacis avec le solvant approprié, puis teintez avec le pigment choisi et appliquez sur la base. Tamponnez ensuite la brosse (ou un rouleau texturé en mouton ou polystyrène) sur le glacis humide. La peinture de base devrait transparaître en pointillé, éclairant la couleur.

LA PEINTURE À L'ÉPONGE

Très facile, elle permet d'obtenir un effet tacheté sur les murs ou les meubles.

LA TECHNIQUE Appliquez une couche de base d'émulsion satin ou vinyle soie et laissez sécher. Diluez une peinture émulsion ou une peinture à l'huile et teintez avec le pigment choisi. Appliquez une petite quantité sur une éponge naturelle et tamponnez en pressant l'éponge sur la surface à peindre. Recouvrez toute la surface et laissez sécher.

L'EFFET VERT-DE-GRIS

Le vert-de-gris naturel est causé par une corrosion du cuivre ou du bronze, mais le vert authentique et l'effet de « tache de sel » peuvent être reproduits sur n'importe quelle surface.

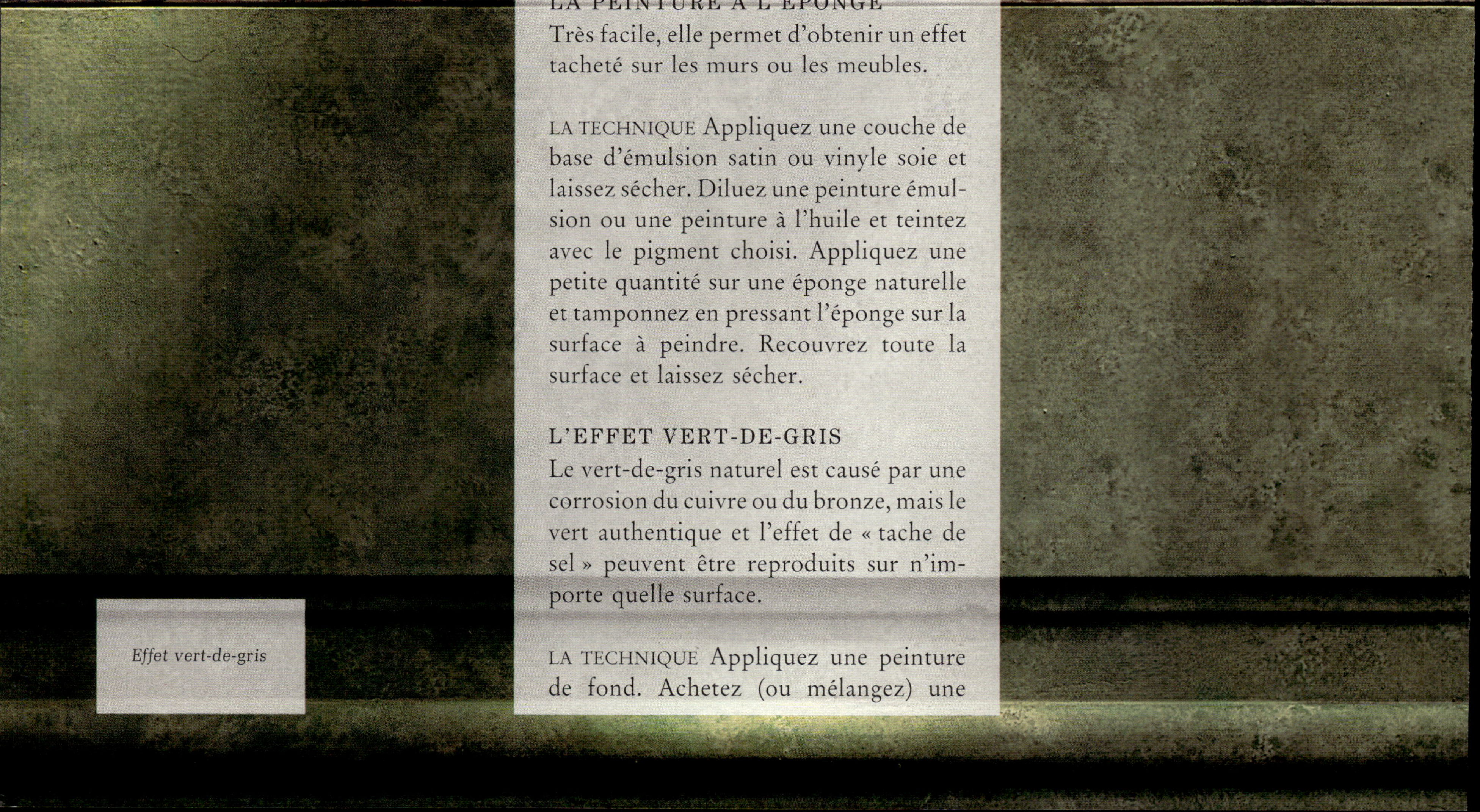

Effet vert-de-gris

LA TECHNIQUE Appliquez une peinture de fond. Achetez (ou mélangez) une peinture couleur cuivre, appliquez sur la surface. Choisissez deux tons de vert et appliquez d'abord le plus clair de façon irrégulière, en laissant transparaître la couleur cuivrée. Laissez sécher. Appliquez le deuxième ton de vert. Laissez sécher à nouveau.

LA PEINTURE AU CHIFFON

Permet d'obtenir une surface légèrement texturée et irrégulière, sur un mur ou un meuble. C'est un procédé très simple qui consiste à rouler un chiffon dans toutes les directions pour former des ondulations de couleur.

LA TECHNIQUE Utilisez une peinture à l'huile ou à l'eau, et un glacis pour la peinture au chiffon. Appliquez une couche de base et laissez sécher. Diluez la peinture ou le glacis avec le solvant approprié. Teintez avec le pigment choisi. Appliquez à l'aide d'une brosse large et souple en laissant 5 mm environ en haut et sur les côtés de la surface à peindre, puis, à l'aide d'une petite brosse sèche, « pochez » (pointillez) les bords. Trempez un chiffon dans la peinture, essorez et tamponnez la surface avec des gestes en huit. Répétez l'opération jusqu'à ce que toute la surface soit recouverte, en conservant le même degré d'humidité au chiffon.

LA PEINTURE VIEILLIE

Reproduit l'usure du temps sur la peinture, le bois ou le plâtre. L'effet peut être spectaculaire sur un mur, un sol ou un meuble.

LA TECHNIQUE Appliquez deux couches de base d'émulsion satin ou vinyle soie et laissez sécher. Diluez une peinture, à l'eau ou à l'huile avec le solvant approprié et teintez avec le pigment choisi (une couleur de terre un peu terne, de préférence). Appliquez sur la surface et laissez

Peinture au chiffon

Peinture vieillie

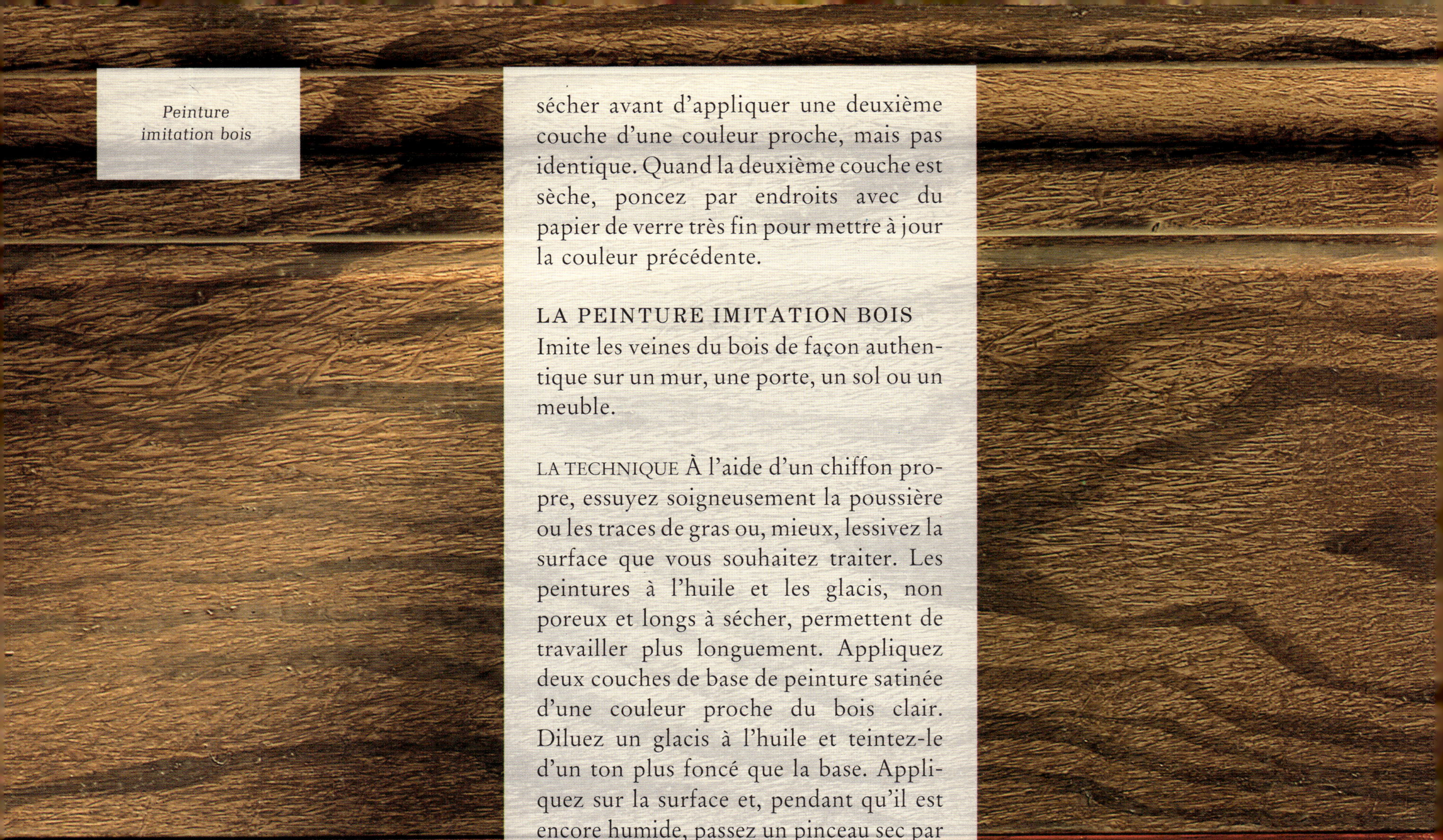

Peinture imitation bois

sécher avant d'appliquer une deuxième couche d'une couleur proche, mais pas identique. Quand la deuxième couche est sèche, poncez par endroits avec du papier de verre très fin pour mettre à jour la couleur précédente.

LA PEINTURE IMITATION BOIS

Imite les veines du bois de façon authentique sur un mur, une porte, un sol ou un meuble.

LA TECHNIQUE À l'aide d'un chiffon propre, essuyez soigneusement la poussière ou les traces de gras ou, mieux, lessivez la surface que vous souhaitez traiter. Les peintures à l'huile et les glacis, non poreux et longs à sécher, permettent de travailler plus longuement. Appliquez deux couches de base de peinture satinée d'une couleur proche du bois clair. Diluez un glacis à l'huile et teintez-le d'un ton plus foncé que la base. Appliquez sur la surface et, pendant qu'il est encore humide, passez un pinceau sec par petites touches, toujours dans la même direction en simulant les veines du bois.

LA PEINTURE IMITATION LAQUE

Elle donne un excellent résultat sur les murs et les meubles.

LA TECHNIQUE Glacis à l'huile et vernis sont les plus appropriés. Nettoyez bien la surface à traiter avant d'appliquer la base. Appliquez une couche de peinture satinée (choisissez une couleur qui chatoiera sous le vernis incolore) et laissez sécher avant d'appliquer une deuxième couche. Diluez un vernis brillant ou semi-brillant avec du white-spirit. Teintez avec une couleur à l'huile pour donner plus de profondeur. Appliquez légèrement et très régulièrement, en évitant les traces de pinceau. Laissez sécher puis appliquez une autre couche avec les mêmes précautions.

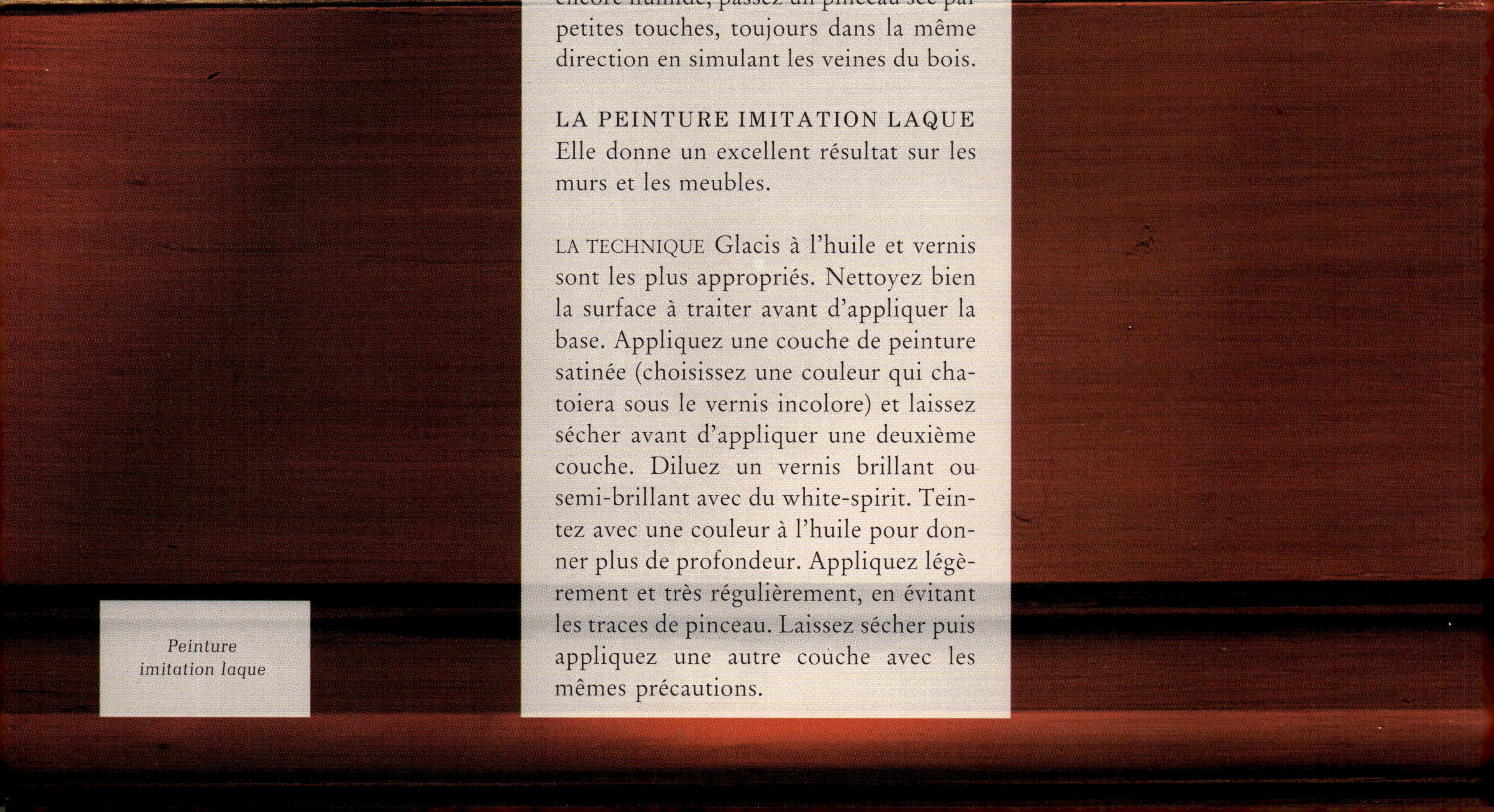

Peinture imitation laque

LA PEINTURE IMITATION MARBRE

Utilisez des couleurs riches et un dessin élaboré pour donner l'apparence de la vraie pierre. Avec des couleurs froides vous obtiendrez un résultat spectaculaire sur les meubles ou les sols.

LA TECHNIQUE Employez des peintures à l'eau ou à l'huile, ou des glacis.

Appliquez une ou deux couches de base de peinture blanche à l'huile, mate ou satinée. Diluez un glacis avec le solvant approprié et teintez-le avec le pigment choisi. Appliquez-le sur la surface peinte et, pendant qu'il est encore humide, trempez un chiffon dans la peinture et passez-le grossièrement pardessus. Adoucissez certaines des empreintes du chiffon avec une brosse sèche. Laissez sécher le glacis avant de peindre des veinures plus foncées à l'aide d'une brosse très fine. Toutes les veinures doivent suivre la même direction.

LA PEINTURE PROJETÉE

Il s'agit d'éclabousser de la peinture afin d'obtenir un effet moucheté, moins dense que le pochage. Ce procédé facile peut s'appliquer sur toutes les surfaces, lisses ou rugueuses.

LA TECHNIQUE Elle est salissante, protégez donc votre espace de travail. Utilisez une peinture à l'huile ou à l'eau.

Appliquez en couche de base une émulsion satin ou vinyle soie et laissez sécher. Diluez la peinture de façon à pouvoir la pulvériser puis teintez-la avec le pigment choisi. Trempez une brosse sèche dans le mélange, positionnez-le parallèlement et assez près de la surface (15 cm permettent de pulvériser régulièrement, mais la distance varie selon la surface à couvrir). Passez les doigts au travers des poils en direction de la surface pour asperger de gouttelettes. Recouvrez toute la surface.

Peinture imitation marbre

Peinture projetée

Peinture projetée

Un cadre bien moucheté

L'effet moucheté est particulièrement intéressant sur des petites surfaces et varie de façon spectaculaire selon le nombre de couleurs employées.

Nous avons choisi un cadre ancien, mais l'effet moucheté conviendrait parfaitement à un cadre plus moderne pour présenter une photo de famille. Choisissez les couleurs en fonction de la photo et comme il existe plus de couleurs que de modèles de cadres, vous trouverez forcément ce que vous cherchez.

__1.__ Nettoyez soigneusement le cadre avec un chiffon propre pour éliminer toute trace de gras ou de cire. Passez une couche de peinture de fond acrylique, pour bois, et bouchez les trous éventuels avec du bouche-pores. Laissez sécher avant de poncer. Recouvrez de papier journal votre plan de travail et ses alentours car vous risquez de tout éclabousser, ou travaillez dehors si le temps le permet.

__2.__ Pour la couche de base, nous avons utilisé une émulsion vinylique satinée jaune, idéale sur une surface peu exposée : sur un mur ou un sol, la peinture à l'huile sera bien plus résistante et durera beaucoup plus longtemps.

__3.__ Pour réaliser le moucheté, mélangez, à volume égal, de la peinture acrylique noire et terre d'ombre brûlée avec de l'eau (peintures acryliques pour artistes), jusqu'à obtenir une consistance crémeuse. Trempez une brosse de 2,5 cm dans le mélange, enlevez l'excédent de peinture pour éviter les taches trop importantes. Passez vos doigts au travers des poils, en direction du cadre, pour l'éclabousser ou frappez un bâton sur la brosse. Répétez l'opération jusqu'à ce que le cadre entier soit moucheté. Essuyez les gouttes éventuelles au chiffon. Plus vous utiliserez de couleurs, plus l'aspect sera texturé et beau. Nous avons projeté deux couches de couleur sur le cadre.

__4.__ Pour patiner le cadre, appliquez une ou deux couches protectrices de vernis polyuréthanne. Nous avons utilisé un vernis brillant teinté de trois couleurs à l'huile : rouge, noir et terre d'ombre brûlée. En substitut, utilisez un vernis à bois coloré acajou ou chêne.

Que la lumière soit

Un pied de lampe peint à l'éponge

Avec la peinture à l'éponge obtenez un effet tacheté et translucide, dont les couleurs se fondent les unes aux autres comme sur ce pied de lampe.

La peinture à l'éponge donne les résultats les plus remarquables sur des petites surfaces. Ce pied de lampe était vieux et défraîchi, mais nous l'avons rajeuni, grâce à un jeu de couleurs.

1. Nettoyez soigneusement la surface avec un chiffon propre pour éliminer toute trace de gras. Appliquez une couche de peinture de fond acrylique et bouchez les trous éventuels avec du bouche-pores. Laissez sécher avant de poncer.

2. Appliquez deux couches d'émulsion satin ou vinyle soie et laissez sécher. Mélangez 1 volume de bleu de cobalt avec 4 volumes de peinture blanche (peintures acryliques pour artistes), puis ajoutez de la peinture blanche à l'eau (la peinture à l'eau sèche plus vite que la peinture à l'huile et donne une plus grande intensité de couleur). Déposez un peu de mélange sur une éponge naturelle et tamponnez doucement sur la surface du pied de lampe, en rinçant de temps en temps pour éviter un excédent de peinture. Avec une brosse sèche, faites pénétrer la couleur dans les rainures, puis laissez sécher.

3. Mélangez les autres couleurs que vous désirez utiliser. Nous avons choisi 1 volume d'indigo pour 4 volumes de blanc. Plus on ajoute de couleurs, plus l'aspect tacheté-marbré s'intensifie. Aussi, continuez jusqu'à obtenir l'effet recherché. Nous avons appliqué 2 couches de couleur sur cette lampe.

4. Lorsque vous avez terminé, passez une couche de vernis clair, mat, au polyuréthanne pour protéger le pied de lampe. Si vous ne vernissez pas, les couleurs tendront à s'effacer avec le temps.

BRICKS and FLOWERS
Katherine Everett

L'âge du bronze

Une chaise vert-de-gris

Résultat de l'oxydation de certains métaux tels le cuivre et le bronze lorsqu'ils sont exposés longtemps aux intempéries, le vert-de-gris est assez facile à reproduire et donne un aspect ancien et du caractère à des meubles et à des surfaces tout à fait ordinaires.

Donnez de la personnalité à vos radiateurs ou à des tuyaux trop voyants, ainsi qu'à certains meubles destinés à la fois à la maison et au jardin comme cette chaise en métal, en les habillant de peinture vert-de-gris. Elle peut être réalisée à la peinture à l'eau ou à l'huile ; cette dernière étant imperméable, elle est chaudement recommandée si les meubles passent un certain temps dehors.

1. Appliquez sur la chaise une couche de fond de peinture au minium.

2. Faites votre propre mélange ou bien achetez, comme nous, une peinture à l'huile satinée, couleur cuivre et appliquez une première couche sur la chaise. Travaillez très légèrement à la brosse presque sèche, en essuyant tout excédent de peinture sur de vieux journaux, de façon à seulement effleurer la surface.

3. Nous avons ensuite utilisé deux peintures satinées de deux verts différents, turquoise et émeraude, en prenant soin de bien laisser sécher la première couche avant de passer la deuxième. Pour un résultat plus naturel, appliquez la peinture très légèrement, en utilisant une éponge ou un poché au pinceau qui laissera transparaître la couleur cuivre. N'essayez pas d'obtenir une surface lisse comme avec de la peinture ordinaire. Une fois les deux verts posés, diluez le turquoise avec une bonne dose de white-spirit (ou de l'eau si vous travaillez avec une émulsion) et passez une troisième couche qui apaisera l'intensité du vert émeraude et donnera un fini plus terne et plus poudré.

4. Finalement, protégez la chaise par une couche de vernis polyuréthanne incolore et mat.

Créer l'illusion

Un coffre en trompe-l'œil

En attirant l'attention sur un objet des plus ordinaires, le trompe-l'œil parvient même à lui donner de l'esprit.

Idéal pour créer un style, le trompe-l'œil parvient à transformer l'objet le plus simple en chef-d'oeuvre original.

Ici, nous avons transformé un petit coffre plutôt triste en un ravissant coffre à jouets. Mais prudence ! La technique demande un certain doigté. Exercez-vous, pour commencer, sur un détail architectural facile à reproduire, avant de vous lancer dans des motifs très compliqués.

1. *Nettoyez soigneusement la surface avec un chiffon propre afin d'éliminer toute trace de gras. Passez une couche de peinture de fond acrylique, pour bois, puis bouchez les trous éventuels avec du bouche-pores. Laissez sécher avant de poncer.*

2. *Nous avons choisi une peinture à l'eau ocre jaune, mais une peinture à l'huile serait tout aussi appropriée. Appliquez et laissez sécher. Passez ensuite le mélange suivant : 1 volume de colorant à l'eau marron pour 3 volumes d'eau et appliquez par-dessus le jaune, puis essuyez légèrement au chiffon. Éclaboussez un peu du mélange, pendant que cette couche est en train de sécher. Laissez sécher.*

3. *Etudiez bien le relief de la moulure, ou autre motif, que vous désirez reproduire et divisez-le en trois parties : ton clair, ton moyen, ombre. Tracez le dessin de la moulure sur le coffre, au crayon à papier. Essayez les couleurs sur une feuille de papier avant de vous lancer. Choisissez l'ocre jaune comme ton moyen, trempez votre brosse dans le mélange marron et tracez la première ligne droite, à l'aide d'une règle que vous maintiendrez à quelques millimètres de la surface. Trempez une deuxième brosse d'égale grosseur dans l'eau et repassez le long d'un côté de la ligne pour l'estomper naturellement. Vous avez maintenant un côté net et un côté estompé (tout le secret du trompe-l'œil consiste à bien adoucir certaines lignes). Quand toutes les lignes principales ont été tracées, utilisez des crayons de couleur afin d'intensifier le relief avec plus de précision. Pour terminer, vous pouvez appliquer une couche protectrice de vernis polyuréthanne incolore, mat ou semi-brillant.*

4. *Le motif à l'intérieur du cadre a d'abord été dessiné, à main levée, sur une feuille de papier (décalquez-le si vous le désirez). Transférez-le sur le coffre à l'aide de papier calque ou de papier carbone. Peignez d'abord les surfaces pleines, puis dessinez les détails avec un pinceau fin et des crayons de couleur. Pour finir, appliquez une couche protectrice de vernis polyuréthanne incolore et mat.*

Habiller une fenêtre

Un encadrement au pochoir

Autrefois, on utilisait le pochoir comme un substitut bon marché au papier peint. Aujourd'hui, il sert à personnaliser une trop grande surface unie ou, comme ici, à encadrer et à mettre en valeur une fenêtre ou tout autre détail architectural.

Si vous préférez les volets aux rideaux, un cadre au pochoir est un bon moyen d'habiller votre fenêtre de couleurs, sans surcharger le décor. Reproduisez le même motif dans des tailles différentes sur les murs, les portes et les tissus pour donner de l'unité à la pièce.

1. Inventez votre propre motif, ou bien décalquez-le sur un livre ou un tissu, quitte à l'agrandir ou à le réduire sur une machine à photocopier. Ce motif a été dessiné sur du papier quadrillé, puis reproduit plusieurs fois. Transférez très soigneusement votre dessin sur un morceau de rhodoïd ou de carton à pochoir et découpez-le au scalpel ou au cutter.

2. Si le motif comporte plusieurs couleurs, découpez un pochoir pour chaque zone de couleur. Utilisez une peinture spéciale pochoir ou en bombe, ou bien de la peinture à l'eau, de la gouache ou de l'acrylique. Nous avons utilisé pour la première couleur 2 volumes de vert, 1 volume de terre d'ombre naturelle et un peu d'ocre jaune (peinture acrylique pour artistes), pour 250 ml de peinture blanche à l'eau. Posez des points de repère au crayon à papier sur les endroits à décorer.

3. Fixez le pochoir à l'endroit voulu avec de l'adhésif ou du fixatif en bombe. Posez un peu de peinture sur le pinceau à pocher (le pinceau doit être bien sec). Appliquez la peinture sur le mur, au travers du découpage, en basculant légèrement le pinceau dans tous les sens afin que les contours soient bien nets. Laissez sécher avant de décoller le pochoir. Peignez le motif suivant et ainsi de suite, jusqu'à ce que la première couleur ait été appliquée partout. Répétez la même opération avec la deuxième couleur, un mélange de 2 parts de bleu de cobalt, une part de terre d'ombre brûlée et de 250 ml de peinture blanche à l'eau. Penser à essuyer le dos du pochoir de temps en temps car la peinture risque de s'accumuler et de baver.

4. Pour finir, appliquez une couche protectrice de vernis polyuréthanne incolore mat. « Vieillissez » vos motifs au pochoir en les ponçant très légèrement au papier de verre, ou bien recouvrez-les d'une couche très mince de peinture à l'eau blanche bien diluée, pour leur donner un air, très séduisant, de fresque à l'ancienne.

Du vieux avec du neuf

Vieillir des chaises de cuisine

Cette technique permet de donner à un meuble neuf un aspect patiné par les ans et de restaurer le caractère d'un meuble ancien en reproduisant une usure et des teintes fanées, comme sur ces chaises.

On trouve souvent des vieilles chaises en bois pour une bouchée de pain chez les brocanteurs ou dans les ventes aux enchères. Sachez cependant discerner entre vieux et en mauvais état, et choisissez une chaise qui soit à la fois esthétique et fonctionnelle, car si l'aspect peut être amélioré, le confort, lui, ne se modifie pas.

1. Nettoyez les chaises avec un chiffon propre afin d'éliminer les traces de gras. Appliquez deux couches de peinture de fond acrylique, spéciale bois et bouchez les trous éventuels avec du bouche-pores. Laissez sécher avant de poncer. Avant de peindre, passez un pinceau sec ou un chiffon sur toute la surface pour enlever la poussière.

2. Mélangez une cuillère à café de colorant à l'huile vert pâle dans 500 ml de peinture blanche pour la première chaise et une cuillère à café de colorant à l'huile bleu pâle pour la même quantité de peinture blanche pour la deuxième chaise. Les tons grisés donnent de meilleurs résultats que les couleurs trop vives. Appliquez une couche fine de ces mélanges. Laissez sécher puis appliquez une deuxième couche d'un ton un peu plus soutenu – nous avons mélangé du vert et du bleu plus foncé à la peinture blanche, dans les même proportions que précédemment. Utilisez, comme ici, deux nuances d'une même couleur, ou deux couleurs contrastées.

3. Poncez la peinture, jusqu'à retrouver, par endroits, la couche de fond. Nos chaises ont été poncées très légèrement, mais un ponçage plus sévère accentue l'aspect usé.

4. Pour finir, passez sur les chaises un peu de cire ou de cirage marron. Avec un chiffon, faites pénétrer dans les fentes et travaillez à la brosse sur les moulures. Nous avons utilisé du cirage, mais vous pouvez obtenir un résultat similaire avec une peinture semi-opaque marron ou un vernis bruni.

Une prestation brillante

Un guéridon en imitation laque

La fausse laque, de couleur chatoyante, fait beaucoup d'effet sur un meuble ordinaire de petite taille. Trop grand, il deviendrait criard.

Tous les meubles peuvent être laqués, mais le résultat est meilleur si la surface est lisse, comme celle de ce guéridon. Le laquage donne une plus grande intensité de couleur que la peinture satinée ou brillante.

1. Nettoyez le meuble avec un chiffon propre pour éliminer toute trace de gras. Appliquez une couche de fond, puis bouchez les trous éventuels avec du bouche-pores. Laissez sécher avant de poncer. Enlevez la poussière au chiffon.

2. Appliquez une couche de peinture rouge satinée. Laissez sécher, puis appliquez une deuxième couche dès que la première est sèche.

3. Pour vieillir une couleur, il faut atténuer son intensité. Nous avons mélangé de la peinture à l'huile pour artistes : 3 volumes de rouge cramoisi et 1 volume de noir, dilué avec du white-spirit et ajouté à un glacis à l'huile jusqu'à obtenir une consistance de crème épaisse. Étendez en fine couche sur toute la table, ce qui donne une surface un peu granitée. Estompez les démarcations à l'aide d'une brosse souple.

4. Appliquez ensuite une couche de vernis émaillé rouge qui enrichira l'effet obtenu, ou teintez de rouge un vernis ordinaire.

5. La laque japonaise atteint un degré maximum de perfection et d'intensité, due à l'application minutieuse de nombreuses couches superposées. Pour obtenir un résultat similaire, appliquez sur le guéridon plusieurs couches de vernis polyuréthanne semi-brillant. Diluez-le dans les proportions suivantes : 3 volumes de vernis et 2 volumes de white-spirit.

Imitation bois

Veiner une porte

En imitant les veines du bois, on parvient à améliorer l'aspect d'un bois de mauvaise qualité ou d'un contreplaqué. On peut aussi rajeunir une plinthe en mauvais état.

Le décapage des portes révèle souvent un bois d'une qualité décevante, comme ici. Une peinture veinée peut en améliorer l'aspect et vous offre l'avantage de choisir le « bois » qui s'harmonise le mieux avec le reste du décor.

1. Cette technique peut être employée sur une surface peinte, mais si la peinture est écaillée, la surface doit être décapée et poncée. Après le ponçage, lessivez le bois pour éliminer toute trace de gras, de cire et de saleté, puis laissez sécher. Le fini sera plus beau si vous mélangez un peu de peinture à l'huile pour artistes ocre jaune à l'apprêt à base d'huile.

2. Pour imiter les veines du bois... employez des tons de bois. Pour la première couche, nous avons mélangé 2 volumes de pigment terre d'ombre naturelle et 1 volume de terre de Sienne. Diluez le pigment dans de l'eau bouillante ou très chaude – 1 volume de pigment pour 4 volumes d'eau – avant de le mélanger avec une émulsion, jusqu'à obtenir une consistance de crème épaisse (quelques gouttes de liquide à vaisselle facilitent l'homogénéisation). Étudiez les divers motifs et reliefs de plusieurs bois différents, puis appliquez une couche de mélange sur toute la surface. Repassez par-dessus, dans un seul sens, avec une large brosse sèche pour imprimer le grain du bois dans la peinture. Plus vous appuyez, plus l'effet sera prononcé.

3. Pour éviter de superposer deux émulsions, trop poreuses, nous avons ensuite préparé un glacis à l'huile et mélangé les mêmes couleurs que précédemment (une préparation à l'huile sèche moins vite et peut être travaillée plus longtemps). N'utilisez pas trop de white-spirit cependant, car la consistance doit rester épaisse. Avec une brosse très fine, peignez les veines du bois en faisant légèrement trembler le manche pour tracer des courbes. Unifiez en passant une brosse très souple sur toute la surface, avant que le glacis ne soit sec.

4. Pour finir, teintez du vernis polyuréthanne avec un peu de peinture à l'huile pour artistes ocre jaune et blanche et appliquez cette couche protectrice sur toute la porte.

Bordure en volutes

Dalle de linoléum à pans coupés pour incrustation de cabochons

Damier avec incrustations contrastées

Les dalles de linoléum sont disponibles en de multiples couleurs : en voici deux

Variante de l'effet marbré

Une autre des nombreuses couleurs de dalles disponibles

Motif de cubes en trois dimensions

L'effet marbré enrichit la texture

Damier avec étoile incrustée

Effets de sol

Offrez à vos pieds des revêtements de sol qui soient à la fois naturels, abordables et confortables.

LE LINOLÉUM Entièrement composé de matières naturelles (farine de bois, poudre de liège, huile de lin et résine mélangés à de la craie, renforcés par de la toile à sac ou toile de jute), il est parfait pour la campagne.

Résistant, souple et lavable, il convient à un sol de salle de bains, de cuisine ou de couloir.

Une large sélection s'offre à vous : dalles unies aux couleurs vives ou effets de marbre. Existent également des dessins géométriques ou des frises à faire incruster selon le motif de votre choix.

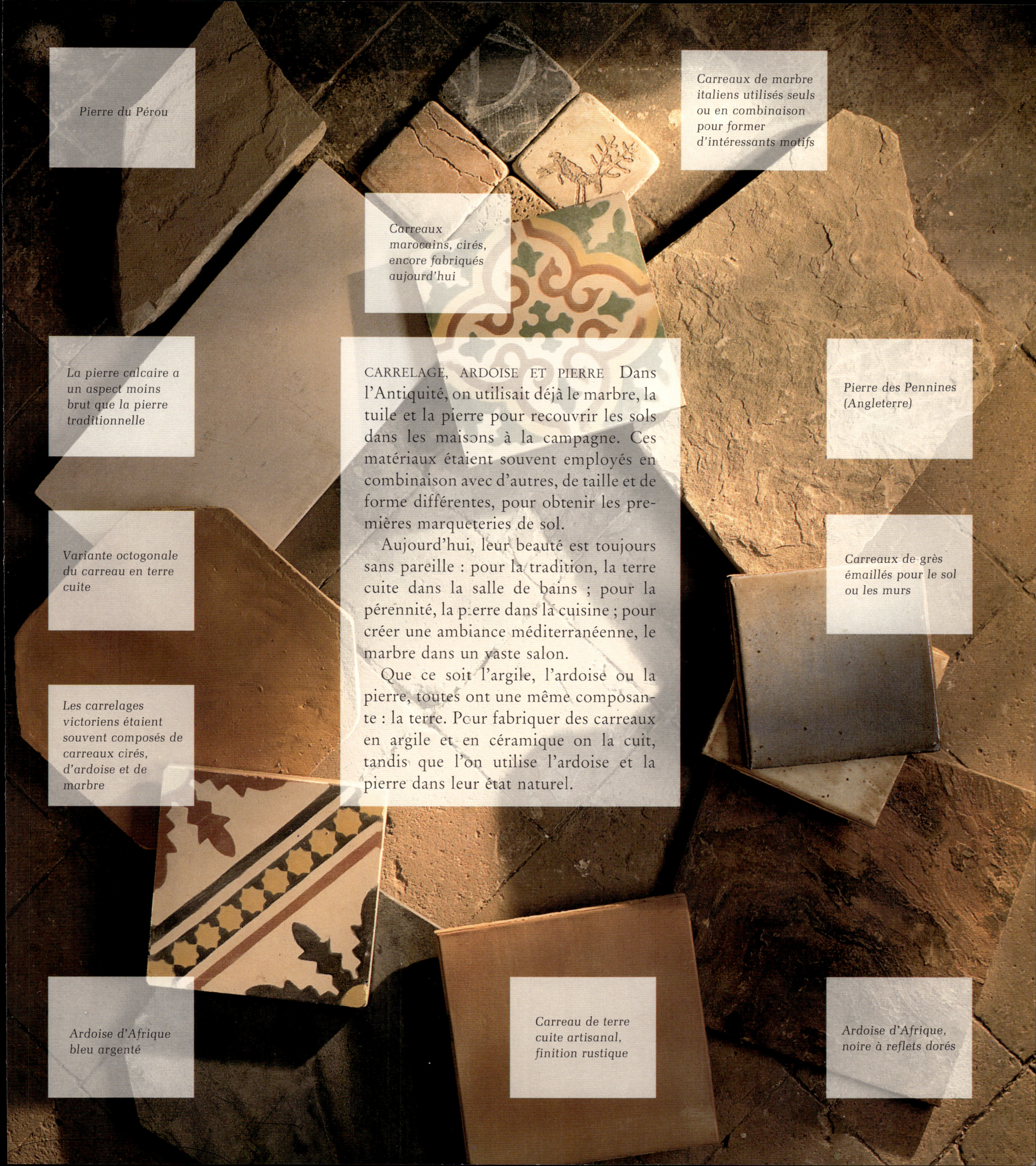

CARRELAGE, ARDOISE ET PIERRE Dans l'Antiquité, on utilisait déjà le marbre, la tuile et la pierre pour recouvrir les sols dans les maisons à la campagne. Ces matériaux étaient souvent employés en combinaison avec d'autres, de taille et de forme différentes, pour obtenir les premières marqueteries de sol.

Aujourd'hui, leur beauté est toujours sans pareille : pour la tradition, la terre cuite dans la salle de bains ; pour la pérennité, la pierre dans la cuisine ; pour créer une ambiance méditerranéenne, le marbre dans un vaste salon.

Que ce soit l'argile, l'ardoise ou la pierre, toutes ont une même composante : la terre. Pour fabriquer des carreaux en argile et en céramique on la cuit, tandis que l'on utilise l'ardoise et la pierre dans leur état naturel.

Pierre du Pérou

Carreaux de marbre italiens utilisés seuls ou en combinaison pour former d'intéressants motifs

Carreaux marocains, cirés, encore fabriqués aujourd'hui

La pierre calcaire a un aspect moins brut que la pierre traditionnelle

Pierre des Pennines (Angleterre)

Variante octogonale du carreau en terre cuite

Carreaux de grès émaillés pour le sol ou les murs

Les carrelages victoriens étaient souvent composés de carreaux cirés, d'ardoise et de marbre

Ardoise d'Afrique bleu argenté

Carreau de terre cuite artisanal, finition rustique

Ardoise d'Afrique, noire à reflets dorés

REVÊTEMENTS NATURELS

Sisal, coco, jonc tressé sont des revêtements de sol en fibres naturelles, parfaitement adaptés à la campagne et qui fournissent une alternative intéressante à la moquette de laine traditionnelle.

Extrêmement résistants, ils habilleront aussi joliment une salle de séjour qu'une chambre à coucher, une salle de bains bien ventilée qu'un corridor.

À chaque fibre ses qualités propres : le sisal, plus souple que d'autres revêtements, est disponible en différentes épaisseurs selon les pièces que l'on veut couvrir. Le coco, légèrement pelucheux, inspire le confort, tandis que le jonc tressé, qui convient parfaitement aux sols légèrement humides, est idéal dans les vérandas, puisque l'humidité ambiante l'empêche de se dessécher.

BOIS

Naturellement résistant et facile à entretenir, un plancher, c'est bien plus qu'une histoire de lames ! Chaque bois a son caractère propre, dû à sa couleur et à son grain.

Le parquet traditionnel est composé de lames étroites, plus ou moins longues, à rainures et languettes, assemblées puis fixées sur des lambourdes. Une fois posées, elles sont poncées, puis encaustiquées.

Les parquets contrecollés sont préparés industriellement : ils existent en différentes essences de bois. Ils peuvent être posés sur divers types de sols. Les bois durs sont nombreux, mais le chêne est, de loin, le plus populaire. Le parquet-mosaïque est composé de lamelles de bois disposées de manière à former des motifs variés.

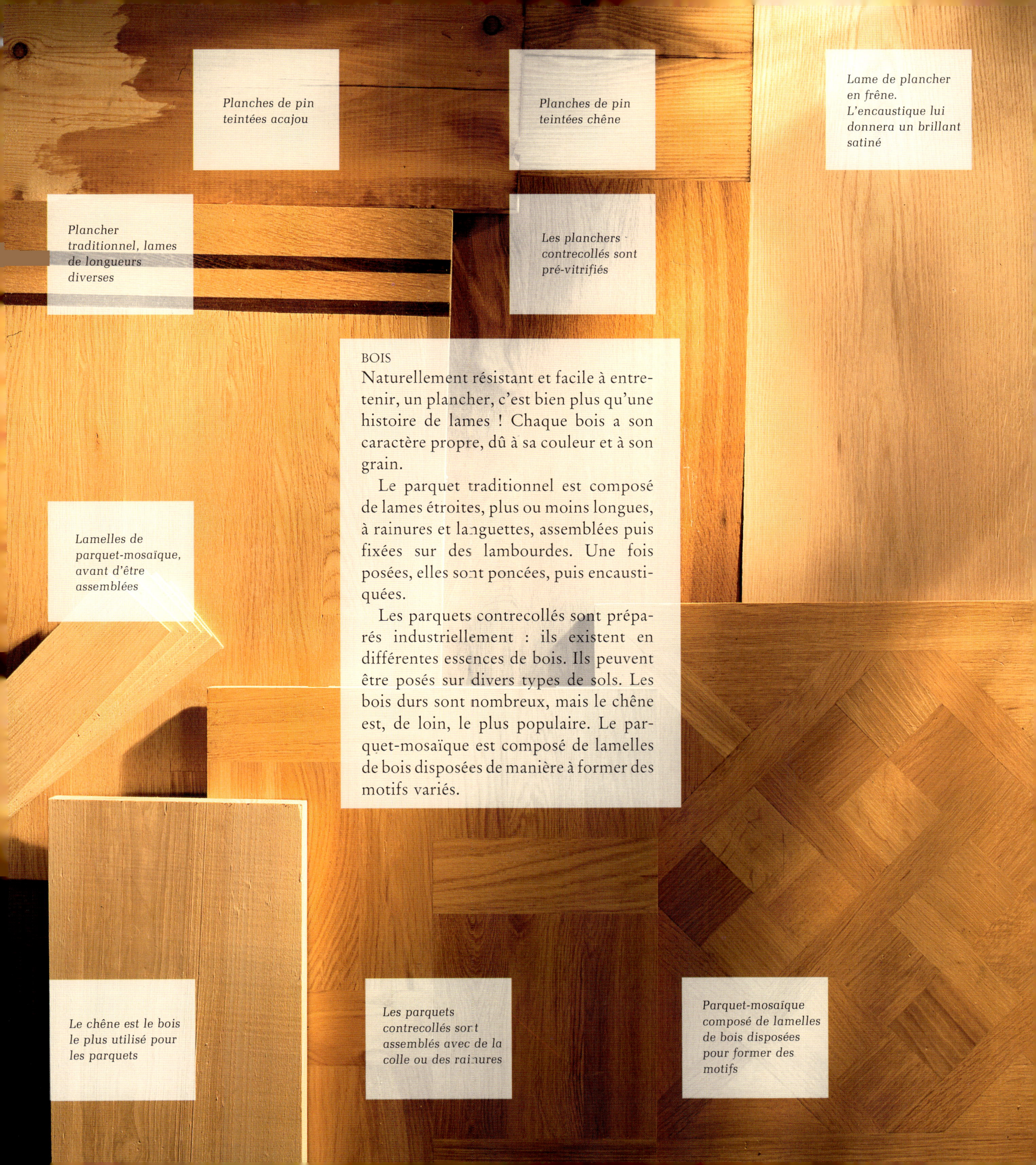

Planches de pin teintées acajou

Planches de pin teintées chêne

Lame de plancher en frêne. L'encaustique lui donnera un brillant satiné

Plancher traditionnel, lames de longueurs diverses

Les planchers contrecollés sont pré-vitrifiés

Lamelles de parquet-mosaïque, avant d'être assemblées

Le chêne est le bois le plus utilisé pour les parquets

Les parquets contrecollés sont assemblés avec de la colle ou des rainures

Parquet-mosaïque composé de lamelles de bois disposées pour former des motifs

Autour de l'âtre

Carreler une cheminée

La cheminée est souvent le centre d'intérêt d'une pièce, surtout l'hiver, quand les éléments se déchaînent au-dehors. Un revêtement carrelé l'habillera avec élégance et les flammes du feu de bois se reflèteront gaiement sur la faïence.

Le choix de motifs et de couleurs est pratiquement illimité. Nous avons utilisé 54 carreaux en faïence de 10 cm de côté pour recouvrir une surface d'environ 75 x 60 cm. Si vous ne vous sentez pas capable de couper les carreaux, posez une frise de bordure à la place.

1. *Délimitez la surface que vous désirez recouvrir et disposez les carreaux par-dessus pour évaluer les découpes nécessaires.*

La surface doit être la plus plate possible. Si vous utilisez des carreaux non adhésifs, comme ici, étalez une fine couche de ciment-colle pour carrelage. Placez les carreaux un à un, en prenant soin de laisser des intervalles réguliers pour les joints. Vous obtiendrez un meilleur résultat en commençant par le centre. En arrivant aux bords, utilisez une carrelette pour découper les carreaux (si nécessaire). Laissez sécher 6 à 8 heures, puis jointoyez les carreaux avec de la barbotine (une substance crayeuse qui protège de l'humidité). Nettoyez-les avec une éponge humide. Pour obtenir un fini impeccable, passez le bout d'une cuillère en bois le long de chaque intervalle pour tasser la barbotine et l'empêcher de se craqueler. Laissez sécher, puis faites briller les carreaux au chiffon.

2. *Une application de vernis craquelé sur des carreaux neufs leur donne une belle patine à l'ancienne, surtout s'il s'agit d'un motif traditionnel comme celui que nous avons choisi (de type Delft). Le vernis craquelé à base d'huile, disponible chez la plupart des marchands de peinture est composé de deux éléments : un vernis à patiner à l'huile et un vernis craquelé à l'eau. Appliquez d'abord le vernis à patiner sur les carreaux et attendez 2 heures ou plus. Les carreaux doivent rester légèrement collants, mais pas complètement secs : cela dépend de la température ambiante.*

3. *Appliquez le vernis à craqueler sur les carreaux. Après 20 à 30 minutes, le vernis, qui commence à sécher, se craquelle. Chauffez les carreaux si vous désirez des craquelures plus prononcées. Laissez sécher 4 heures au moins.*

4. *À l'aide d'une brosse fine, appliquez de la peinture à céramique brune ou noire sur les carreaux, puis essuyez immédiatement avec un chiffon. La peinture va pénétrer chaque craquelure. Quand tous les carreaux ont été ainsi travaillés, appliquez une dernière couche protectrice de vernis à patiner.*

DAY
BOOK

Faux marqueté

Un sol à carreaux

Pour embellir un plancher un peu fatigué, le moyen le plus simple, le plus spectaculaire et le moins cher, si on le compare au prix d'une moquette, est de le peindre.

Nous avons réalisé un motif de carreaux classique, mais vous pouvez adapter le motif de votre choix, au gré de votre imagination. Réalisez la marqueterie avec plusieurs teintures imitant divers tons de bois ou toute combinaison de couleurs qui séduira votre fantaisie.

1. Les lames anciennes doivent subir une préparation avant d'être peintes. Pour obtenir de bons résultats, louez une ponceuse.

Poncez les planches, puis lessivez-les pour éliminer toute trace de saleté et de cire, et laissez sécher. Appliquez une couche d'apprêt à base d'huile : un sol est souvent maltraité et un apprêt à base d'huile le protégera mieux.

2. Commencez par appliquer un badigeon de peinture, composé de 2 volumes de pigment terre d'ombre naturelle et de 1 volume de terre de Sienne, dilués dans un peu d'eau bouillante. Laissez refroidir, puis mélangez à un glacis émulsionné jusqu'à obtenir une consistance de crème légère. Appliquez sur le plancher, puis essuyez au chiffon.

3. Pour imiter une marqueterie qui utilise le même motif que celui que nous avons reproduit ici, collez de l'adhésif de 5 cm de large en formant des carrés de 25 cm de côté.

À l'aide d'un canif, fixez bien le ruban tout autour des carrés. Appliquez sur les carrés une teinture à base d'huile couleur noyer (la teinture ne doit pas s'infiltrer sous le cache). Essuyez l'excédent de teinture avec un chiffon.

4. Découpez tous les carrés de 5 cm aux intersections. Teintez-les avec une teinture à base d'huile couleur acajou. Laissez sécher. Décollez le cache. Pour bien protéger le plancher, appliquez deux ou trois couches de vernis polyuréthane incolore, mat ou semi-brillant.

Impressions premières

Un sol à la Matisse

Soyez audacieux, entreprenant, aventureux ! Choisissez des couleurs vives pour réveiller votre plancher. Dans la pièce qui se prête à ce type de décor, une petite chambre par exemple, un sol peint remplace avantageusement un tapis ou une moquette.

Le motif de ce sol nous a été inspiré par un tableau de Matisse et nous avons choisi plusieurs couleurs de peinture glycérophtalique pour le réaliser. Quand vous reproduisez un motif relativement abstrait comme celui-ci, ne soyez pas timoré et laissez courir votre brosse.

***1.** Les lames de plancher doivent subir une préparation avant d'être peintes. Pour obtenir de bons résultats, louez une ponceuse. Poncez puis lessivez, afin d'éliminer toute trace de saleté et de cire. Laissez sécher. Appliquez une couche d'apprêt à base d'huile : un plancher est souvent maltraité et un apprêt à l'huile le protégera mieux.*

***2.** Appliquez ensuite la couleur de fond – la couleur dominante du motif : ici, le rose. Laissez sécher avant de tracer les contours des motifs au crayon à papier, à la craie et au fusain. Nous avons utilisé la craie, qui s'efface facilement, pour tracer les lignes diagonales.*

***3.** Peignez librement sur une grande surface et n'ayez pas peur de la peinture : en travaillant sur plusieurs couleurs humides à la fois, vous parviendrez à obtenir un effet particulièrement intéressant. Laissez sécher, puis reprenez les détails des motifs avec des brosses plus fines.*

***4.** Pour finir, protégez bien le plancher en appliquant deux ou trois couches de vernis polyuréthane incolore, mat ou semi-brillant.*

Satin de coton (100 % coton)

Cotonnade légère (100 % coton)

Dentelle à lisière festonnée (95 % coton, 5 % polyester)

Chintz, coton glacé (100 % coton)

La ronde des étoffes

Du coutil au lin et de l'écossais au chintz, la mode des tissus d'ameublement fluctue et les motifs se multiplient. Cet échantillonnage de tissus, faisant partie de la collection Laura Ashley, vous donnera une idée des qualités disponibles sur le marché.

TISSUS D'AMEUBLEMENT Faites-en des rideaux, des coussins, des stores, des couvre-lits ou autres accessoires décoratifs. Moins résistants que les tissus pour travaux tapissiers, ils ne sont pas recommandés pour recouvrir les chaises, les fauteuils et les canapés.

SATIN DE COTON D'épaisseur moyenne, son aspect est satiné et son relief donne de l'intensité aux couleurs chaudes (bordeaux) et de l'éclat aux couleurs sombres (vert bouteille). Riche au toucher, il est idéal pour les rideaux et les tentures.

COTONNADE LÉGÈRE C'est le tissu le plus ancien de la collection et l'un des moins chers. Le vaste choix d'imprimés disponibles dans cette qualité permet de créer un grand nombre de décors frais et lumineux.

DENTELLE Tissu très découpé à lisière festonnée. Faites-en des rideaux ou des coussins, ou utilisez-le en bordure sur un store, un coussin, un couvre-lit.

CHINTZ Ce coton glacé léger est devenu l'un des plus populaires en ameublement dans les dernières années. Souvent imprimé de larges fleurs, il se prête bien à la confection des rideaux, des coussins, des couvre-lits et des stores.

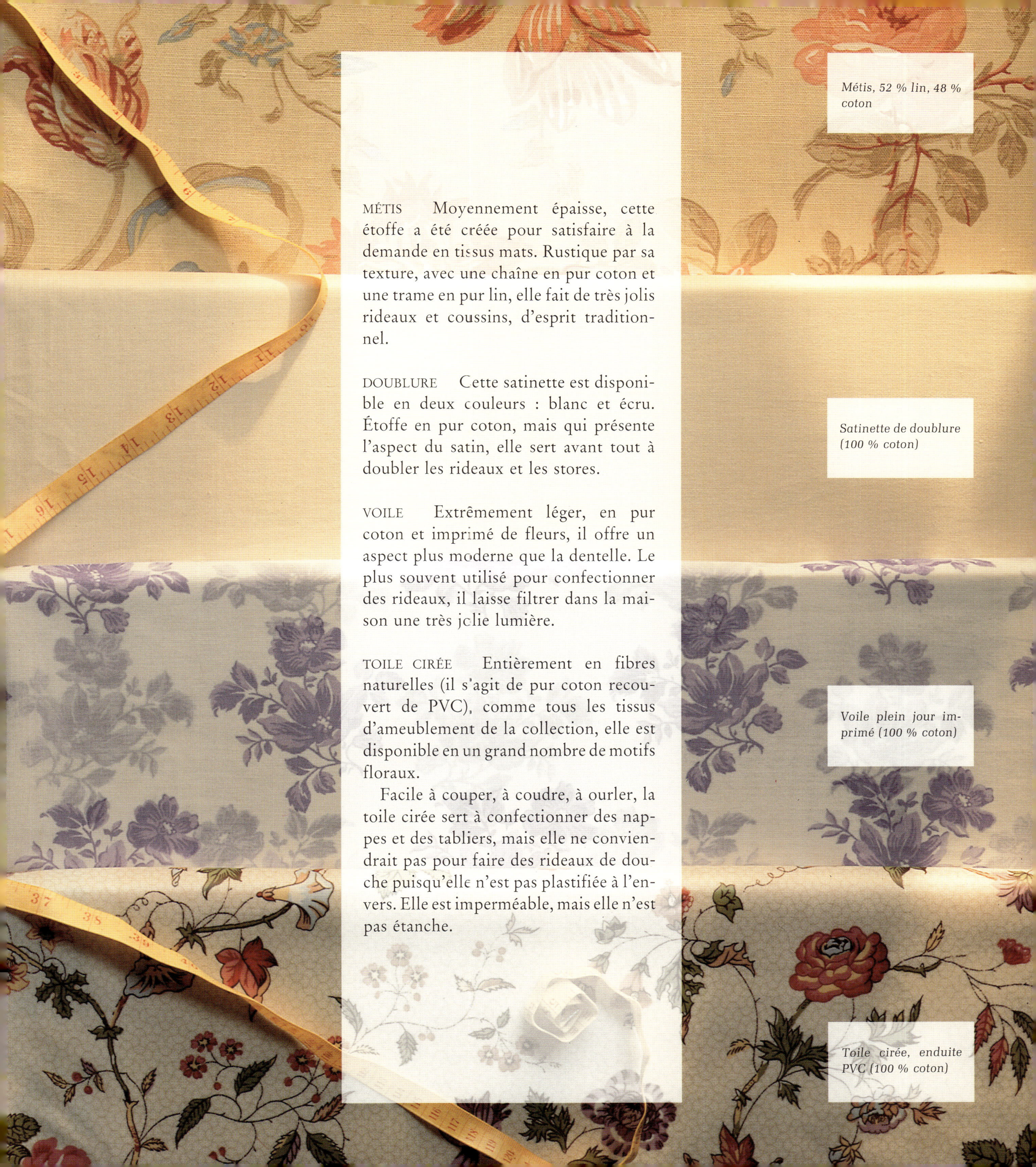

MÉTIS Moyennement épaisse, cette étoffe a été créée pour satisfaire à la demande en tissus mats. Rustique par sa texture, avec une chaîne en pur coton et une trame en pur lin, elle fait de très jolis rideaux et coussins, d'esprit traditionnel.

DOUBLURE Cette satinette est disponible en deux couleurs : blanc et écru. Étoffe en pur coton, mais qui présente l'aspect du satin, elle sert avant tout à doubler les rideaux et les stores.

VOILE Extrêmement léger, en pur coton et imprimé de fleurs, il offre un aspect plus moderne que la dentelle. Le plus souvent utilisé pour confectionner des rideaux, il laisse filtrer dans la maison une très jolie lumière.

TOILE CIRÉE Entièrement en fibres naturelles (il s'agit de pur coton recouvert de PVC), comme tous les tissus d'ameublement de la collection, elle est disponible en un grand nombre de motifs floraux.

Facile à couper, à coudre, à ourler, la toile cirée sert à confectionner des nappes et des tabliers, mais elle ne conviendrait pas pour faire des rideaux de douche puisqu'elle n'est pas plastifiée à l'envers. Elle est imperméable, mais elle n'est pas étanche.

Métis, 52 % lin, 48 % coton

Satinette de doublure (100 % coton)

Voile plein jour imprimé (100 % coton)

Toile cirée, enduite PVC (100 % coton)

Toile à carreaux, 87 % coton et 13 % polyamide

Jacquard tissé à motif ton sur ton

Reps à texture côtelée, façon ottoman, 100 % coton

Coton Traditionnel, toile 100 % coton

TISSUS DE TAPISSIER

Parfait pour recouvrir les chaises, fauteuils et canapés, tous les tissus de cette collection sont particulièrement solides.

TOILE À CARREAUX Elle est très populaire. Sous l'influence de la France et de la Suède, les tissus à rayures et à carreaux ont connu un regain d'intérêt au cours de ces dernières années. Ils se mélangent facilement avec des motifs ou des unis pour enrichir n'importe quel décor.

JACQUARD TON SUR TON Tissu épais, orné d'un petit motif champêtre. Tissé sur un métier jacquard et composé de 86 % de coton et de 14 % de polyamide, il se prête à tous les travaux de tapisserie. Les goûts évoluant, on a constaté le déclin récent des motifs floraux au profit des textures et des tons plus neutres.

REPS Toile épaisse à texture côtelée, façon ottoman. Très populaire en tapisserie, cette toile peut aussi être utilisée en passepoil, associée à un tissu de texture différente.

COTON TRADITIONNEL D'épaisseur moyenne, c'est une toile mate, légèrement texturée. Le tissage assez lâche donne une définition moins nette de l'imprimé que sur la cotonnade légère, par exemple. Ce Coton Traditionnel est l'un des deux tissus de la collection Laura Ashley qui peut à la fois servir pour la tapisserie et pour l'ameublement.

COUTIL Devenu lui aussi très populaire au cours de ces dernières années. Tissée en chevrons et très épaisse, c'est la moins chère de toutes les étoffes, et elle peut se coordonner facilement à différents types de tissus et de textures.

JACQUARD Tissé très épais, façonné d'un motif de treillis, il est particulièrement résistant et facile à coordonner. Son relief lui donne du caractère. On peut le retrouver dans toute la maison.

TOILE À TAPISSER Similaire au Coton Traditionnel, elle est toutefois plus épaisse et plus résistante.

Ignifugée, comme tous les tissus Laura Ashley, elle fait très bon ménage avec les motifs plus exubérants des chintz et des cotonnades.

SATIN DE COTON Il est imprimé d'un élégant motif floral qui produit un effet de damassé.

Il peut remplacer d'une manière plus subtile le chintz, un peu violent, comme pourvoyeur de couleur.

Le satin de coton a un éclat mat, mais sa texture est beaucoup moins lourde que celle du damassé. Comme le Coton Traditionnel, on peut l'utiliser aussi bien pour la tapisserie qu'en tant que tissu d'ameublement.

Coutil, tissage en chevrons, rayure tissée, 100 % coton

Jacquard tissé 53% laine, 36 % coton, 12 % polyamide

Toile à tapisser, 100 % coton

Satin de coton à effet damassé 100 % coton

Le décor en détails

Quelques idées à coudre dans la chambre et la salle de bains

POCHETTE À MOUCHOIRS
Abritez vos mouchoirs en papier dans une jolie pochette en tissu. Coupez un morceau de tissu de 35,5 cm de long et 21 cm de large. Pliez en deux, endroit contre endroit, dans le sens de la longueur et cousez tout autour, à 5 mm des bords. Faites une ouverture de 5 cm de large sur le côté qui sera la partie supérieure de la pochette. À chaque extrémité de l'ouverture, faites deux petites entailles, en diagonale, de 5 mm de long, en forme de Y. Rabattez les petits triangles ainsi formés et cousez à la main. Cousez également un petit rabat de 5 mm le long des côtés de l'ouverture. Retournez la pochette.

HOUSSES EN DENTELLE
Ne jetez pas vos vieilles taies d'oreiller, rajeunissez-les plutôt en les garnissant de dentelle et de ruban (à droite). Utilisez la dentelle en bordure ou en volant, ou bien recouvrez la taie entière. Pour border la taie de dentelle, défaites la couture des côtés, insérez la dentelle entre les deux épaisseurs, posez le ruban par-dessus et cousez ensemble.

TAIE D'OREILLER ET HOUSSE À PYJAMA
Faites rimer ordre et confort et confectionnez une taie et une housse coordonnées, sans fermeture à glissière. Mesurez l'oreiller et ajoutez 1,5 cm de ressource tout autour, pour les coutures. Découpez un panneau de tissu pour chaque face et rajoutez au moins 10 cm sur un côté pour le rabat intérieur. Épinglez le volant sur l'envers du côté face. Repliez le rabat sur l'envers du côté pile, placez les deux panneaux endroit contre endroit et cousez tout autour, à 1,5 cm du bord, sauf sur le côté rabat, en vous assurant que le volant est bien pris à l'intérieur. Cousez le volant sur le côté ouvert. Retournez sur l'endroit.

Faites la housse de la même manière, mais en rond et sans volant.

PELOTE À ÉPINGLES
Rassemblez vos épingles et vos aiguilles sur une pelote impossible à égarer (à droite). Découpez deux ronds aux dimensions requises et dans le tissu de votre choix. Découpez une bande de tissu de la longueur de la circonférence, en ajoutant 1,5 cm pour la couture et

cousez en anneau. Assemblez les trois morceaux, sur l'envers, en laissant une ouverture de 2,5 cm sur l'un des côtés. Retournez sur l'endroit. Remplissez d'ouate. Cousez l'ouverture et garnissez comme il vous plaira.

SACS À COULISSE

Rangez tous les petits articles qui traînent dans la chambre ou dans la salle de bains dans des petits « fourre-tout » de tailles et de formes différentes (extrême droite en haut et en bas). Pour un sac dont le fond carré mesure 15 cm de côté, il faudra environ 75 cm de tissu. Découpez le fond, puis coupez un morceau de 60 x 50 cm en ajoutant 2,5 cm de ressource pour la couture. Pliez le tissu, sur l'endroit pour former le corps du sac

(60 x 25 cm). Faites une piqûre à 2,5 cm du bord plié, puis une autre à 1 cm, parallèle à la première. Cousez sur le côté pour former un cylindre et ménagez une ouverture dans la coulisse pour faire passer le ruban.

Épinglez l'envers du corps sur l'endroit de la base et cousez à 1 cm du bord. Retournez le sac et faites passer un ruban ou une cordelière dans la coulisse.

Selon la forme du fond, découpez un rond ou un carré dans du bristol et recouvrez-le de tissu assorti, puis placez-le au fond du sac.

SERVIETTES DE TABLE

Elles sont composées d'un carré imprimé appliqué sur un carré uni, plus grand. Découpez un gabarit pour chaque taille et découpez le nombre de carrés requis. Ourlez les pièces unies et surjetez les imprimés. Piquez les carrés endroit contre endroit. Ménagez une ouverture de quelques centimètres sur un côté pour étirer la piqûre et cousez à la main après avoir retourné le travail et l'avoir repassé

NAPPE

Personnalisez une nappe ordinaire en la bordant d'une frange en passementerie.

GALETTE DE CHAISE

Prenez les mesures du coussin et ajoutez 1,5 cm de ressource pour les coutures. Découpez les faces supérieure et inférieure en ajoutant 10 cm pour le rabat intérieur. Repliez le rabat endroit contre endroit et cousez. Coupez une bande de la hauteur de la mousse et ajoutez 1,5 cm pour les coutures. Mesurez le pourtour et coupez le passepoil. Découpez cette même longueur dans le biais du tissu. Recouvrez-en le passepoil, épinglez, puis bâtissez. Épinglez la face supérieure à la bande de pourtour, endroit contre endroit en insérant le passepoil entre les deux. Répétez l'opération pour la face inférieure, sans passepoil.

Épinglez la frange autour de la nappe et piquez. Enrichissez encore la garniture en piquant un ruban au-dessus de la frange, ou sur la nappe, le long des bords de la table.

COUSSIN DE SALON

Une fois la housse de coussin finie, cousez, tout autour, une cordelière ou une frange en passementerie.

Choisissez une cordelière épaisse et coordonnée aux couleurs du tissu ; épinglez-la le long des coutures. Si vous le désirez, faites une boucle à chaque angle, comme sur la photo. Enfin, pour terminer, cousez la cordelière à la main.

GANT DE CUISINE

Ces gants, faits dans des chutes de tissu coloré, égaieront votre cuisine.

Dessinez le contour de votre main généreusement sur une feuille de papier.

D'après ce patron, coupez 4 pièces pour chaque gant. Placez du molleton entre 2 épaisseurs de tissu, puis cousez-les deux par deux.

Enfin, pour terminer plus joliment, cousez un biais sur tout le tour afin que les gants soient nets. En outre, le biais les renforcera.

Complètement piquée

Une nappe en patchwork

Le patchwork est l'un des artisanats rustiques les plus traditionnels. Il servait jadis à confectionner des courtepointes. Devenu plus créatif et concurrencé par le chauffage central, il remplit, aujourd'hui, de très nombreuses fonctions décoratives.

La confection d'un patchwork à la main peut prendre des années si le motif est compliqué. Ici, nous avons un peu triché en piquant à la machine et en utilisant des tissus imprimés pour un effet plus contrasté. Le résultat est très réussi : il peut aussi bien décorer un mur que draper une chaise ou recouvrir une table de salle à manger. C'est, sans aucun doute, une future pièce de collection ! Une fois terminé, il mesure 90 × 120 cm et nous avons utilisé 9 m de tissu pour le confectionner.

1. Coupez un morceau de calicot (en ajoutant quelques cm de ressource pour les coutures) qui servira de base (la nôtre mesure 100 x 130 cm). Travaillez votre motif sur une feuille de papier, puis reportez-le sur le calicot, au feutre foncé. Coupez un morceau de tissu fin aux dimensions du patchwork fini. Superposez-le sur le calicot et reportez le motif en numérotant toutes les pièces. Découpez tous les morceaux numérotés.

2. Choisissez vos tissus en répartissant harmonieusement les couleurs, à partir du centre. Découpez chaque pièce selon le patron numéroté (en ajoutant 5 mm au moins tout autour pour les rentrés). Épinglez chaque pièce sur la base en calicot. Commencez par le centre en allant vers les bords que vous épinglerez en dernier.

3. Piquez les pièces du centre entre elles. Les pièces du pourtour seront cousues en dernier. Faites un rentré tout autour du patchwork avant de piquer sur le calicot.

4. Coupez la doublure aux dimensions de la base en calicot. Superposez le patchwork et la doublure endroit contre endroit, épinglez en suivant les marques sur le calicot, puis piquez sur trois côtés. Coupez le surplus de tissu. Retournez et piquez le quatrième côté.

Coussins colorés

Des motifs en appliqué

Comme le montrent ces coussins, l'appliqué ou - l'art de coudre un tissu par-dessus un autre - est un moyen original d'utiliser des chutes.

LA RONDE DES RONDS

Des petits ronds en tissu sont ici disposés en cercle autour d'un rond plus grand, ce qui donne beaucoup d'étoffe au coussin... Le principe est particulièrement frappant sur ce coussin rond, mais peut être adapté à toute autre forme.

1. Découpez un grand cercle qui formera le dessus du coussin et ajoutez quelques centimètres tout autour pour les coutures.

Choisissez 5 ou 6 motifs différents et découpez un certain nombre de petits cercles que vous disposerez autour du grand, à 5 mm environ du bord en les faisant se chevaucher sur 1 cm. Épinglez-les avant de les coudre au point de zigzag.

2. Découpez un deuxième cercle pour le fond du coussin : il peut être formé de 2 demi-cercles, l'ouverture centrale permettant d'introduire le rembourrage. Faites un rentré sur l'envers et cousez les bords de l'ouverture.

3. Découpez une bande tissu de la longueur de la circonférence et de largeur égale à l'épaisseur du rembourrage. Faites un rentré le long de la bande du côté du dessus du coussin et piquez ensemble, endroit contre endroit. Répétez l'opération pour le fond du coussin. Retournez. Introduisez le rembourrage.

SILHOUETTE FÉLINE

Ce classique chat noir, est l'un des motifs traditionnels d'appliqué découpé d'une seule pièce. Pour produire un effet de collage, découpez des morceaux de tissus variés et assemblez-les sur un fond différent pour former la silhouette du chat.

1. Découpez un carré qui servira de fond et formera le dessus du coussin ; tracez un carré plus petit à l'intérieur, puis un encadrement autour de ce carré. La bordure du coussin a été découpée en carrés sur deux côtés et les coins et en rectangles sur les deux côtés restants. Découpez les tissus qui recouvriront le carré central et la bordure (ajoutez 2,5 cm environ pour les rentrés). Épinglez puis piquez ensemble les tissus de la bordure de façon à former un cadre carré.

2. Tracez (ou décalquez) la silhouette d'un chat sur une feuille de papier. Découpez et utilisez votre papier comme patron pour la découper dans le tissu choisi. Collez le chat avec de la colle à tissu sur le carré central. Faites un point de zigzag tout autour. Faites un rentré autour du carré et de la bordure. Piquez-les sur le fond en suivant le tracé.

3. Découpez un autre carré, qui fera le fond du coussin, en deux parties comme pour le coussin rond. Assemblez les deux faces en les cousant endroit contre endroit. Retournez la housse et surpiquez une deuxième fois tout autour, à quelques millimètres du bord.

Jeux de contrastes

Jouer avec les chutes

Avec des chutes de tissus variés, confectionnez un sac fourre-tout et un élégant coussin.

UN CABAS ASTUCIEUX

Depuis que les travaux d'aiguille existent, il faut des sacs pour les ranger. Facile à faire, ce cabas contiendra ce qui vous est utile pour réaliser vos chefs-d'œuvre.

1. Un sac de forme carrée est le plus simple à réaliser. Doublez-le, pour qu'il soit solide. Découpez 2 carrés de 50 cm de côté dans de la toile de coton et comptez 7,5 cm en plus sur un côté, pour former le « col » où seront cousues les poignées.

2. Découpez deux autres carrés un peu plus petits de 43 cm de côté, dans du tissu imprimé. Centrez et piquez ces carrés fleuris sur les carrés de toile.

3. Découpez deux morceaux de satinette de la même taille que la toile de fond, mais sans tissu supplémentaire pour le « col », pour faire la doublure. Piquez les côtés de la doublure, endroit contre endroit, puis les bords supérieurs aux bords supérieurs de la toile de fond, envers contre envers, après avoir fait un rentré. La plupart des boutiques de « loisirs créatifs » vendent des poignées comme celles-ci. Pour les attacher au sac, glissez le « col » de toile dans la fente puis repliez et cousez à l'intérieur du sac.

4. Assemblez les deux côtés et le fond du sac, endroit contre endroit, en coupant les angles supérieurs en biais et en faisant un rentré. Faites sortir la doublure par le haut. Cousez le fond à la doublure, retournez le sac sur l'endroit, rentrez la doublure et cousez les angles. Surpiquez tout autour sur l'endroit, à 1 ou 2 cm des bords pour renforcer le sac.

UN COUSSIN CHIC

Un coussin peut en cacher un autre, les motifs les plus simples étant souvent les plus frappants. Cette housse de coussin, rectangulaire et formée de quatre carrés et d'une bordure, annonce l'ébauche d'un patchwork.

1. Découpez un rectangle de tissu aux dimensions désirées pour le dessus du coussin que vous souhaitez « habiller ».

Tracez votre motif sur ce rectangle de tissu : divisez en quatre carrés de même dimension et en un rectangle, comme nous l'avons fait ici.

Choisissez des tissus qui s'harmonisent et découpez aux dimensions. Assemblez les carrés deux par deux, puis réunissez-les sur la toile de fond. Faites un rentré sur les deux longueurs du rectangle de bordure et cousez-le sur les carrés.

Découpez puis brodez trois boutonnières sur l'autre bord, à intervalles réguliers.

2. Découpez un rectangle de tissu d'une fois et demie la longueur de l'autre face pour confectionner le fond du coussin.

Repliez le surplus de tissu pour former un rabat intérieur.

Cousez trois boutons sur ce rabat, en face des boutonnières.

3. Placez les deux faces de la housse endroit contre endroit et piquez à 5 mm environ du bord.

Cousez les trois côtés de la housse, mais laissez le côté boutonnières ouvert.

Retournez la housse, introduisez le coussin à l'intérieur du rabat, et boutonnez.

L'art d'utiliser les restes

Un tapis en « lirette »

On a commencé à confectionner des tapis en lirette il y a environ deux cents ans, et l'on éprouve, aujourd'hui encore, autant de plaisir et de satisfaction qu'autrefois à utiliser les chutes de tissu de cette jolie manière.

Utilisez n'importe quels tissus, pourvu qu'ils aient tous à peu près la même épaisseur, mais évitez les tissus trop lâches.

Pour réaliser un tapis de 120 x 75 cm, comme celui de droite, il faut environ 18 m de tissu : 12 m d'une couleur dominante et 2 à 3 m de chaque autre couleur. Découpez les tissus en bandelettes de 2,5 cm de large et aussi longues que possible.

1. Coupez un morceau de toile à sac aux dimensions du tapis, en ajoutant 5 cm tout autour pour les ourlets et un possible rétrécissement. Repliez les bords, puis doublez-les et cousez à la machine, au point de zigzag en consolidant les coins.

2. Pour créer un motif, inspirez-vous de ce qui vous entoure. Dessinez le motif sur du papier quadrillé et placez les couleurs, puis reportez-le sur la toile à sac, à l'aide d'un gros feutre. Commencez par le milieu, puis progressez lentement vers les bords. Les cercles centraux de ce tapis ont été travaillés en premier, puis les fleurs et, finalement, les cercles extérieurs.

3. À l'aide d'un crochet, piquez l'extrémité d'une bandelette à travers la toile, sur l'envers.

Formez une boucle en laissant dépasser la bandelette de tissu de 2,5 cm environ sur l'endroit, puis piquez à nouveau et faites-la ressortir, environ 4 fils plus loin, sur l'envers ; piquez à nouveau 4 fils plus loin et formez une nouvelle boucle sur l'endroit.

Continuez ainsi jusqu'à la fin de la bandelette, puis commencez avec une autre bandelette là où finit la précédente et ainsi de suite, en suivant le motif, jusqu'à ce que la toile soit entièrement recouverte. Coupez les boucles sur l'endroit pour donner au tapis un air ébouriffé, ou bien laissez-les intactes.

MAILLE

Haute protection

Un pare-feu en chiffons

En utilisant la même technique que pour le tapis, confectionnez un décor mural ou même un pare-feu, comme celui-ci. La mosaïque ainsi obtenue attirera tous les regards vers votre cheminée.

Les poissons figurant sur le pare-feu ont été réalisés selon une technique identique à celle du tapis, mais la surface étant plus petite, nous avons utilisé du tissu plus fin et un travail plus serré. Pour une surface de 62 x 60 cm, il vous faut environ 8 m de tissu, réparti ainsi : 2 m en deux couleurs pour les poissons et 6 m en trois couleurs pour le fond.

1. Découpez tous les tissus en rubans de 1 cm de large, aussi longs que possible. Plusieurs tissus d'aspect varié donnent plus de relief au travail.

2. Coupez un morceau de toile à sac aux dimensions voulues, plus 5 cm tout autour pour les ourlets et un possible rétrécissement. Repliez les bords, puis doublez-les et faites un ourlet main ou machine, en consolidant les coins. Dessinez le motif sur du papier quadrillé et placez les couleurs, puis reportez-le sur la toile à l'aide d'un gros feutre.

3. Commencez par la couleur qui souligne la silhouette des poissons.

À l'aide d'un crochet, piquez l'extrémité d'un ruban à travers la toile, sur l'envers, formez une boucle de 2 cm sur l'endroit, puis repiquez 2 fils plus loin et ressortez de nouveau sur l'envers. Piquez 2 fils plus loin, formez une boucle de 2 cm sur l'endroit et piquez à nouveau.

Continuez ainsi jusqu'à la fin du ruban, puis commencez avec un nouveau ruban à l'endroit précis où finit le précédent et ainsi de suite jusqu'à la fin de la première couleur.

Finissez le corps des poissons, de la même manière, avec la deuxième couleur. Puis travaillez sur la spirale centrale avec la couleur la plus pâle et avancez, cercle après cercle vers les poissons, puis vers les bords.

Coupez les boucles très courtes sur l'endroit du motif, ou laissez-les intactes selon vos préférences.

Les accessoires

La nature omniprésente

Peu d'entre nous gagnent aujourd'hui leur vie en milieu rural ; les raisons qui nous y attirent relèvent donc d'autres préoccupations : désir de simplicité et de pureté, besoin de retour aux sources et de vivre au rythme des saisons.

Aux yeux des citadins, stressés et fatigués par le bruit et la pollution, les plaisirs de la campagne semblent plus nombreux que ses inconvénients. Ils font fi des routes bloquées par la boue ou la neige, des soins quotidiens et harassants à prodiguer aux bêtes, des efforts soutenus pour conserver la maison chaude l'hiver et la terre humide l'été... à eux les vertes prairies, les sous-bois pleins de fraîcheur, l'espace et l'air pur.

Et ils ont raison : les plaisirs de la campagne sont vrais et simples : un feu où crépite un bois parfumé, la lumière dansante des bougies ou des lampes à l'ancienne ; un tapis douillet sous les pieds et un fauteuil confortable où se lover pour choisir les fleurs de l'été dans un catalogue, et si l'on a su profiter des moissons de l'automne, un petit verre de liqueur de baies sauvages pour se réconforter. Reviennent ensuite le printemps et l'été, avec leurs bouquets de fleurs fraîches, la cueillette des salades et des herbes du potager, les chiens à promener, les enfants à amuser, les pique-niques et les expéditions.

CI-CONTRE Les choses les plus simples composent parfois de superbes harmonies de couleurs. Avant de vous délecter des poires et des poivrons, réjouissez vos yeux de leur beauté.

CI-DESSUS Le plaisir de récolter les produits du jardin ne se fane jamais, ni la satisfaction de contempler une nourriture fraîche et belle, dont on se sentira à juste titre éternellement fier.

C'est la simplicité, souvent la spontanéité, qui caractérisent la vie à la campagne ; le temps et les efforts qu'elle réclame étant ceux que vous avez décidés, vous-même, de lui consacrer. Longues heures passées à confectionner une courtepointe en patchwork ou un coussin au petit-point, jardinage par une belle journée d'été, meuble amoureusement poli à la cire faite maison et parfumée à la lavande du jardin. Tous ces travaux accompagnent des instants de bonheur pur que seule la campagne peut donner : un bouquet de fleurs des champs cueilli par un enfant, des fleurs flottant sur l'eau pour poétiser une table, des piments en guirlande autour de la cuisine, d'abord décoratifs, puis savoureux dans un plat exotique.

Toute cette qualité de vie émane de la nature. Elle nous donne le bois pour faire les meubles et inspire les imprimés des chintz et des cotonnades qui habillent fenêtres et fauteuils ; quant aux fleurs et aux plantes qui décorent et parfument la maison, elles proviennent du jardin et des haies alentour. Quelques heures passées à semer au printemps vous récompenseront toute l'année par de jolis bouquets qui parfumeront la maison. Sachez aussi profiter de la manne offerte par les sous-bois et les haies et récoltez, à la bonne saison, des paniers de champignons, de noix et de baies de toutes sortes, ainsi que des trésors pour embellir la maison.

Faites pousser des plantes d'intérieur si vous n'avez pas de jardin. Traditionnellement, chaque maison rurale, quelle que soit sa taille, arborait, sur les rebords de ses fenêtres, une micro-végétation qui profitait de la lumière du dehors et de la chaleur du dedans. Grand favori d'hier et d'aujourd'hui, le géranium, avec ses fleurs vives et son parfum acidulé, mais d'autres aussi au nom parfois fantasque : les « rubans de Jeannette » ou les « amours en cage ».

Profitez aussi, à l'intérieur, des plantes de votre jardin : au printemps, rentrez des potées de primevères et de violettes qui égaieront la maison de leurs couleurs et de leur parfum et, en automne, mettez au placard ou dans un appentis quelques bulbes de jacinthes et de jonquilles qui, le moment venu, fleuriront et embaumeront les plus tristes journées d'hiver.

UN JARDIN PLEIN DE PROMESSES

Un jardin est ce que vous désirez qu'il soit. Nul besoin de le « manucurer ». L'important est d'aimer vous y promener ou le contempler par la fenêtre. La manière dont vous aménagez l'espace et ce que vous y plantez dépendront toujours de la situation géographique, du type de sol et du temps dont vous disposez. Mais moyennant quelques efforts, vous obtiendrez un cycle de floraisons et de récoltes qui vous approvisionnera en plantes et en fleurs toute l'année. Regarder pousser les fleurs et les plantes est l'une des plus grandes joies qu'offre la campagne et cueillir des bouquets de fleurs fraîches en est une autre. Si votre jardin est particulièrement productif, tirez parti de cette corne d'abondance : faites sécher, par exemple, les fleurs et les pétales dont vous ne faites pas de bouquets, pressez-les pour décorer des cartes ou faire des collages. Ou bien mélangez-les à des parfums et à des épices afin de les transformer en pots-pourris, en lotions, en conserves ou en sachets qui parfumeront toute l'année l'armoire à linge.

CI-DESSUS *Un mini-bouquet de lavande fraîche, entouré d'un ruban aérien, est prêt à parfumer le linge fraîchement lavé ou l'armoire à vêtements.*

Belles, odoriférantes et utiles, les herbes sont un autre emblème de la tradition rurale. Depuis la nuit des temps, on les cultive pour leurs vertus curatives, leur saveur et leurs qualités décoratives. Si la fraîcheur leur va bien, elles peuvent aussi être séchées et utilisées toute l'année. Elles appartiennent à différents groupes, nécessitant chacun des soins et une attention particulière. Les buissonnantes vivaces, à feuillage gris-vert, s'épanouis-

CI-CONTRE *Argentées et duveteuses, les graines emplumées de la clématite sauvage habillent souvent les haies dépouillées par l'hiver. Très décorative, elle est aussi belle dans la maison que dans la nature.*

MOTHS OF THE BRITISH ISLES SERIES I RICHARD SOUTH 148 PLATES
OF THE BRITISH ISLES SERIES II RICHARD SOUTH 141 PLATES INCLUDING 69 IN COLOUR
WARNE
WAYSIDE & WOODLAND T. R. E. SOUTHWOOD FULLY ILLUSTRATED
CLEGG
WUTHERING HEIGHTS EMILY BRONTE
THE NATURAL HISTORY OF SELBORNE GILBERT WHITE
COMPLETE PLAYS BEN JONSON
THE VICAR OF WAKEFIELD OLIVER GOLDSMITH
FLORENCE CONVERSE
AND WASPS
No. 687 in EVERYMAN'S LIBRARY DENT DUTTON
No. 760 DENT DUTTON
POPE
THE OBSERVER'S BOOK OF AIRCRAFT
BASIC AIRCRAFT
Observer's AIRCRAFT
1961
1966
A Field Guide
Collins Guide to
Finding Wild
A Field Guide to CATERPILLARS
A Field Guide to the SEA
THE HANDBOOK OF BRITISH BIRDS
TRAVEL
CANTERBURY
PEAKS
FRAMLEY PARSONAGE
THE TOWER OF LONDON
BIOGRAPHY PLUTARCH'S LIVES

sent au soleil et en terrain sec (sauge et lavande) ; les gourmandes annuelles, au feuillage vert vif et à croissance rapide, n'aiment que la terre riche et humide (basilic et aneth) ; les couvre-sol, parfaits pour embaumer une allée, poussent au ralenti (thym).

Mais le laurier les toise toutes de sa prestance. Plantez-le en pot ou en pleine terre où il se transformera en arbre si les conditions lui sont favorables. Aucune herbe n'est difficile à cultiver et toutes vous donneront une bonne récolte.

Plantez quelques fruits et légumes dans votre jardin, pour qu'il soit, aussi, pratique et utile.

Avant de les croquer crus, ou cuits, disposez-les dans un grand compotier, au beau milieu d'une table en pin ou en merisier : ils égaleront en beauté le plus beau des bouquets. D'autre part, rien n'est plus satisfaisant, ou plus délicieux, que de consommer les produits de son jardin, quelques heures à peine après les avoir cueillis.

DES COLLECTIONS PLEINES DE NATUREL

Collectionner les objets-souvenirs, les photos encadrées ou les poteries a toujours été un passe-temps favori à la campagne. Et si les objets étaient humbles, ils convenaient au décor, souvent modeste et dépouillé.

CI-CONTRE *Déjà débordante de livres, cette bibliothèque sert aussi à exposer toutes sortes de bibelots beaucoup plus anecdotiques qui menacent d'accaparer bientôt tout l'espace.*

CI-DESSUS *Une promenade en automne permet de se bourrer les poches de fleurs et fruits divers. On peut ensuite les identifier, les réunir dans des herbiers, en faire des objets décoratifs, ou planter un arbre dans son jardin.*

On suspendait pots et tasses à des crochets, sous une étagère, plutôt que de les cacher dans un placard et l'on exposait, à l'abri dans la chambre à coucher, les objets personnels plus précieux et plus fragiles.

Certains éléments décoratifs s'avèrent parfois pratiques et les problèmes de rangement peuvent être en partie résolus si l'on utilise intelligemment l'espace : rien de mieux, par exemple, pour conserver fruits et légumes, que des grands paniers d'osier et de solides corbeilles pour entreposer les bûches ; les chapelets d'oignons et d'ail décorent la cuisine tout en y mettant de l'ordre ; les chapeaux et les bottes alignés sur une étagère, ou rassemblés sur un portemanteau, se suffisent à eux-mêmes. Un panier peu profond empli de galets, de branches et de feuillages, rappelle à la fois des souvenirs de promenade et compose d'intéressants reliefs dans un décor rustique.

Les pages qui suivent sont remplies d'idées charmantes et peu coûteuses qui vous aideront à cultiver cet esprit, en ville ou à la campagne. Elles sont toutes fidèles à une certaine manière paysanne de faire les choses, bâtie sur des siècles de sagesse, d'économie et de besoin, et un profond respect de tout ce qui nous entoure.

Cette philosophie vaut certainement la peine d'être adoptée.

Des fleurs en toutes saisons

Moins vous aurez d'idées préconçues, plus votre ambiance naturelle sera réussie. Les bouquets rustiques traditionnels étaient composés de fleurs des champs ou d'espèces soigneusement cultivées dans un coin réservé du jardin. Rien n'a changé aujourd'hui, et aussi trépidante que soit votre vie, trouvez un instant pour cueillir quelques fleurs et les disposer avec goût sur la table de la cuisine, sur un rebord de fenêtre ou en mille autres endroits. Les fleurs des champs regroupent des espèces simples : coquelicots, camomille, bleuets. Le parfum compte aussi et, si vous avez le choix, plantez des espèces parfumées plutôt que des hybrides modernes. Pour les fleurs coupées, cultivez des roses, des annuelles comme les pois de senteur, les nigelles, les soucis, les godetias, les pieds d'alouette, les tournesols et des bisannuelles comme les œillets de poète, les campanules et les giroflées. Les tulipes et les jonquilles sont belles en bouquets, mais encore plus belles au jardin. Cultivez également quelques arbustes : lilas, forsythia, boules-de-neige, seringua et chèvrefeuille.

Cueillez les fleurs tôt le matin, encore humides de rosée, ou tard le soir. Faites boire les tiges plusieurs heures avant de les mettre en vase. Ôtez les feuilles susceptibles de tremper dans l'eau, cela prolongera un peu leur vie.

EN HAUT *Il est possible de trouver au début du printemps des bouquets d'anémones d'une seule couleur. Ici on a réparti un bouquet d'un blanc rosé à cœur noir entre deux vases vert céleri.*

CI-DESSUS *Pendant quelques brèves semaines chaque année, s'épanouit le mimosa si parfumé. Évocateurs de chaleur, ses pompons jaunes et odorants dans leur feuillage vert sombre ensoleillent et parfument toute la maison.*

EN HAUT *Ce bol rayé blanc et bleu a suffisamment de personnalité pour tenir tête à un gros bouquet de jonquilles lumineuses. Comme toujours, ces fleurs simples se suffisent à elles-mêmes et forment, en masse, de superbes compositions.*

CI-DESSUS *Des tulipes opalines dans leur pichet blanc et bleu voisinent avec les premières jacinthes bleu-violet dans une soupière en porcelaine assortie. Plusieurs bouquets rassemblés font toujours beaucoup d'effet.*

Les bouquets rustiques ne sont jamais guindés : choisissez les vases pour leur simplicité, les fleurs pour leur charme et combinez les deux, sans chichis ni affectation. C'est un plaisir de toutes les saisons !

EN HAUT *Ces roses magnifiques ont concentré l'été dans leurs pétales. Ainsi rassemblées dans un amusant panier en métal, elles rivalisent d'éclat. Placez les tiges dans de la mousse humide, ou dans un pot plein d'eau, caché dans le panier.*

CI-DESSUS *Les roses anciennes déclinent toute une variété de nuances tendres et subtiles. Placez-les, comme ici, dans une grande tasse ou dans un pichet, tout simplement.*

EN HAUT *En été, les plates-bandes regorgent de fleurs roses, rouges, bleues et violettes. Ce broc émaillé reflète l'ambiance du jardin avec ses lys roses et parfumés, ses pieds-d'alouette, ses roses, ses scabieuses et les panicauts qui semblent des chardons.*

CI-DESSUS *Le rosier Iceberg, avec ses fleurs nacrées, est l'un des plus florifères parmi les rosiers blancs. Ses fleurs n'ont besoin de rien pour rehausser leur éclat et elles rayonnent de beauté même dans un vieux broc en émail moucheté.*

EN HAUT *Le jaune vif est difficile à manier, mais il n'a pas son pareil pour ensoleiller les endroits les plus sinistres. Le pichet blanc tempère quelque peu les ardeurs de ces rudbeckias flamboyants, mais un récipient d'un ton pastel aurait joué le même rôle.*

CI-DESSUS *Les bouquets d'un bleu violacé sont irrésistibles dans la porcelaine bleue et blanche. Une touche de jaune accentue le contraste et anime l'ensemble.*

EN HAUT *En automne, il faut profiter de tous les éléments décoratifs qui ne portent pas de fleurs. Beaucoup de fruits et de légumes ont des qualités ornementales, tels ces petits piments que vous pourrez faire sécher pour l'hiver.*

CI-DESSUS *Une vieille boîte à chapeau en métal, à l'intérieur peint en bleu canard, sert de présentoir à des piments en branches et à des baies de symphorine (Symphoricarpus albus). Plantez les tiges dans de la mousse humide, au fond de la boîte.*

EN HAUT *Les artichauts pousseront facilement dans votre jardin. Laissez se développer leurs magnifiques fleurs mauves, comme celles des chardons et disposez-les dans un panier plat.*

CI-DESSUS *Pour transformer courges ou citrouilles en vases, découpez la calotte et enlevez la pulpe, remplissez d'eau et de fleurs gaies. En été, utilisez les melons de la même manière et en hiver, faites des mini-vases avec des pommes évidées.*

EN HAUT *Le riche décor de cette tasse du début du* XIXe *siècle s'harmonise parfaitement en faisant contraste avec les tons veloutés des pavots et des fuchsias un peu surannés.*

CI-DESSUS *Cette moisson de fruits et de fleurs n'a besoin d'aucun artifice ; posée sur une assiette en porcelaine ancienne, un plat en étain ou sur une vieille planche, elle composera un centre de table instantané.*

En hiver, il reste très peu de choses à cueillir dans le jardin, mais la moindre fleur, feuille ou baie a bien plus de prix que tous les bouquets de l'été.

EN HAUT *Quand les fleurs semblent s'être endormies pour l'hiver, la nérine épanouit son exubérante floraison. Plantée dans un coin ensoleillé et un sol bien drainé, elle s'étoffera, donnant de jolies fleurs qui vivront longtemps dans un vase.*

CI-DESSUS *La silhouette mystérieuse du gui exerce un étrange pouvoir et sa beauté, spectaculaire devant ce panneau de verre dépoli, est souvent négligée. On ne pouvait rêver mieux que de le disposer dans ce pichet victorien, orné du même motif.*

EN HAUT *Si vous devez acheter des fleurs en hiver, choisissez des plantes fleuries qui dureront plus longtemps que les fleurs coupées, comme ces primevères blanches, pleines d'élégance dans leur boîte en hêtre.*

CI-DESSUS *Les plumets de la clématite sauvage s'attardent dans les haies pendant tout l'hiver. Cueillez-en beaucoup, toutes décolorées par les intempéries, pour réaliser de magnifiques compositions.*

EN HAUT *Si vous faites pousser des arbustes en pot, rentrez-les quelque temps pour décorer la maison et réjouir la vue. Ce buis feuillu, taillé en boule, a été garni de petites pommes sauvages et de canneberges piquées sur du fil de fer.*

CI-DESSUS *De ravissantes renoncules, des freezias parfumés, habillés de feuillage panaché, le tout dans un pot à eau turquoise. Composez le bouquet dans vos mains, puis glissez-le dans le récipient et installez-le dans un endroit où il captera les regards.*

CI-CONTRE *En automne les fruits sont si beaux et si abondants, qu'on prend plaisir à les montrer, décorés de quelques feuilles. Leur parfum et leurs couleurs sont délicieux, tout comme ceux de ces pommes, ces coings, ces nèfles ou de cette grenade étincelante.*

CI-DESSOUS *Le légume le plus banal peut connaître aussi son heure de gloire : ces navets verts et blancs, tout illuminés par des fleurs de primevères dans un bol rose et vert peint à l'éponge, en sont un bel exemple !*

CI-DESSUS *Dans cette coupe en terre vernissée, des prunes et des tamarins rivalisent d'éclat avec des fruits en bois peint. Cette idée toute simple peut en inspirer d'autres.*

Idées-minute

Quelques idées-nature à base de fruits ou d'autres produits naturels, animent le décor d'une maison. Elles ne réclament ni des heures d'exécution ni une liste interminable de matériaux, mais plutôt des éléments colorés que l'on assemble en un rien de temps.

Une coupe de fruits ou un minuscule bouquet de fleurs du jardin, posés çà et là sans même y penser, donnent de l'âme à une maison.

Les fruits peuvent transiter entre le verger et les pots de confiture entre le verger et les pots de confiture pour créer un décor, le bouquet peut provenir d'une plante cultivée ou d'un carré d'herbes aromatiques. N'importe, ils ponctuent joliment les saisons et les mille et un petits faits de la vie quotidienne, et leur présence discrète fait simplement partie du décor, sans jamais paraître artificielle ou installée à dessein.

CI-DESSOUS *Un collier de piments rouge-doré entoure une petite étagère soutenue par un ange joufflu. Au-dessus, deux kakis et un petit piment font des acrobaties. C'est un décor éphémère, certes, mais tellement joli !*

CI-DESSUS *Le portrait de ce chien est rehaussé d'une minuscule couronne de baies de pyracantha. On enroule simplement sur un anneau en fer des rameaux de pyracantha que l'on laisse ensuite sécher à l'air ambiant.*

CI-DESSUS *Les piments rouges sont très décoratifs, mais il faut les manipuler avec prudence car ils brûlent facilement les yeux et la peau. Rassemblés dans un panier, ils reflètent toute l'incandescence du soleil de l'été.*

CI-DESSUS *Vers la fin de l'été, toutes sortes de fruits sont en train de mûrir aux quatre coins de la cuisine et sur le rebord des fenêtres. Profitez de leur beauté et utilisez au maximum leurs qualités décoratives avant de les cuisiner et de les déguster.*

Avec le temps, vous prendrez tout naturellement quelques minutes par jour pour remplir un joli plat ou une boîte vide de quelques trésors choisis avec amour. Si c'est une idée rapide, vous la renouvellerez quand le bouquet aura séché ou quand les fruits seront consommés.

CI-DESSOUS *Si vous utilisez volontiers les bougies, ne cachez pas vos provisions : elles sont assez belles pour être nouées avec des rubans et exposées sur un plateau.*

CI-DESSUS *Un bouquet de primevères nouées par un ruban de lin est le plus ravissant des cadeaux. Pour les conserver fraîches plus longtemps, enveloppez les tiges dans de la mousse humide.*

CI-DESSUS *Ces renoncules épanouies se suffisent à elles-mêmes en bouquets d'une ou de plusieurs couleurs. Le vert d'un feuillage ne ferait qu'assourdir leurs couleurs lumineuses. Un nœud de taffetas chatoyant complète ce riche bouquet.*

CI-DESSUS *Des chutes de tissus attendant d'être transformées en patchwork, une collection de serviettes de table ou des coupons divers auront fière allure dans une corbeille rectangulaire. Et c'est un bon moyen d'éviter le désordre !*

CI-DESSOUS *Vous ne trouvez jamais d'allumettes quand vous en avez besoin? En voici de toutes les couleurs, réunies dans une boîte émaillée à l'ancienne qui a, certes, connu des jours meilleurs, mais qui retrouve ici toute son utilité.*

CI-DESSUS *Au début du printemps, une floraison de jasmin suffit à embaumer toute une pièce. C'est une des plantes d'intérieur les plus faciles à cultiver et à conserver d'année en année. Celle-ci est nichée dans un panier en osier.*

CI-DESSUS *Voici quelques trésors cueillis sur le chemin et rangés dans une « boîte à sous » en métal. Ses divers compartiments abritent parfaitement les graines et les baies.*

CI-DESSUS *Les épices sont souvent très décoratives. Ce panier en branchages contient du linge tissé, du bois de réglisse, ainsi que des gousses de vanille et des bâtons de cannelle.*

CI-DESSOUS Deux pots en argile, identiques et ceints d'un ruban, contiennent deux bouquets touffus de petites roses séchées, piqués dans une base en mousse. Rien n'altère l'intensité de leurs couleurs.

CI-DESSOUS Comme si elles étaient fraîches, ces roses séchées trônent dans un pot à lait en faïence blanche. La couleur des fleurs se retrouve sur le papier peint et leur éclat n'en est que plus vif.

CI-DESSOUS Un nuage de petites marguerites mauves, tel un tableau de Monet, s'abandonne dans un vieux panier peint. Les tiges sont réunies dans un récipient plein d'eau, dissimulé à l'intérieur du panier.

Des fleurs sans façons

La décoration florale devient simple lorsque l'on respecte les principes qui permettent d'assembler les formes, les couleurs, les contenants et l'environnement. Une tenture murale ou un papier peint peuvent orienter une décision. Bien sûr, il arrive que l'on commence par trouver les fleurs et ensuite, un endroit où les mettre, mais la démarche inverse permet de jouer sur les contrastes ou les coordonnés avec les couleurs et les styles et de s'inspirer d'un tissu ou d'un meuble.

CI-DESSOUS Une tige vrillée et quelques baies peuvent être transformées en guirlande, en bouquet, ou tout autre ornement imaginé par vous. On peut aussi les réunir dans un plateau, et les laisser telles quelles.

CI-DESSOUS Des renoncules fraîches et rondes s'incurvent à leur aise dans un vase coloré, posé sur un joli tissu écossais. Le rose et le jaune, accentués de vert, forment un ensemble particulièrement réussi.

CI-DESSOUS Les fleurs rustiques savent jouer la sophistication, à l'occasion. Les tulipes, elles, déploient toujours leur charme, comme dans ce petit panier posé sur un joli fauteuil canné.

Inutile de multiplier les vases pour composer ce genre de bouquets, par contre, une collection d'objets trouvés dans les brocantes ou les foires peut être amusante. Les paniers sont les plus utiles et peuvent être peints ou teints s'ils ne sont pas naturellement patinés. Ne méprisez pas, non plus, les objets utilitaires : seaux en tôle galvanisée, bouilloires peintes, bouteilles, pots de fleurs...

VOTRE OUTILLAGE

Indispensables, le sécateur bien aiguisé, de bons ciseaux, ainsi qu'une petite pince pour couper le fil de fer, que vous réserverez à cet usage. À l'occasion, si un récipient n'est pas étanche, ou pour un très gros bouquet, utilisez de la « mousse de fleuriste » humide, mais évitez-la dans les vases transparents. En version sèche, cette mousse où l'on pique les tiges des fleurs permet de donner une forme régulière aux bouquets très fournis. Un vieux « truc » pour faire tenir les fleurs : froissez un morceau de grillage-à-poule dans le col d'un vase et faites passer les tiges au travers. Plus moderne, le pique-fleurs maintient les tiges droites. Mais dans les deux cas l'effet risque d'être rigide.

La manière la plus simple de faire un bouquet est de lui donner une jolie forme, ronde et régulière entre vos mains ; ensuite, coupez toutes les tiges à la même longueur et glissez-les dans le vase. Attachez souplement si nécessaire, ou bien taquinez un peu les fleurs jusqu'à ce qu'elles « s'installent » naturellement. Cette méthode est infaillible, que le bouquet soit multiple ou composé d'un seul type de fleurs.

CI-CONTRE Vers la fin de l'été, les grosses têtes rondes des hortensias blancs se mordorent. Disposez-les dans une soupière austère en métal et lorsqu'elles auront la texture friable du papier, faites-en des bouquets d'hiver. La manière la plus simple de faire sécher les fleurs d'hortensias est de couper les tiges assez courtes et de les faire tremper dans un peu d'eau jusqu'à ce qu'elles aient tout absorbé.

CI-DESSOUS Un joyeux madras pourrait lutter avec un bouquet de fleurs, mais ces anémones rouges et violettes supportent bien la comparaison avec leurs couleurs intenses, encore renforcées par le bleu vif du pichet.

Fêtons Noël !

La couronne suspendue à la porte d'entrée pour décorer l'extérieur de la maison est en passe de devenir aussi populaire que le sapin. Les plus belles couronnes sont très fournies et audacieuses dans l'utilisation des matériaux naturels. Il est vrai qu'à la campagne, le clinquant, les fleurs en plastique et les rubans de satin ont toujours un air déplacé. La couronne peut être composée de branches de sapin, de houx, de buis ou de tout autre feuillage persistant. Pour les couleurs, choisissez entre les fruits, les noix et noisettes, les pommes de pin, les fleurs séchées, ou les épices. Quant à l'harmonie rouge et verte, elle reste la plus séduisante. Rien ne vous empêche, cependant, d'essayer le bleu, l'orangé ou le fuchsia.

Si le brillant vous tente, passez noix et pommes de pin à la peinture dorée et choisissez les nœuds avec soin. Velours de coton ou soies anciennes sont plus beaux que tous les satins artificiels.

Cette couronne est faite selon la tradition, sur un cercle métallique enrobé de mousse. L'effet est garanti et vaut la peine d'être tenté.

1. Rassemblez tous les matériaux dont vous avez besoin : un cercle en métal, du fil de fer de fleuriste, des morceaux de fil de fer rigide, de la mousse, des branches de pin et, pour la décoration, des noix, des « crêtes de coq » séchées, des airelles, des petites pommes sauvages, des pommes de pin, des baies et des piments rouges. Sans oublier un bon sécateur et un pistolet à colle, bien pratique pour coller les noix et les baies.

CI-CONTRE *La couronne est superbe et très décorative. Bien qu'elle soit grande, elle reste discrète grâce à l'absence de rubans et de couleurs vives. Ne faites pas de couronnes trop petites. Celle-ci mesure 45 cm de diamètre et se remarque de loin, accrochée contre la porte blanche.*

2. Travaillez à plat sur une table ou par terre. Enrobez le cercle métallique avec de la mousse humide et compacte et entourez de fil de fer au fur et à mesure, jusqu'à ce que la base soit bien épaisse. Accrochez une boucle en fil de fer pour suspendre la couronne terminée.

3. Commencez à recouvrir de courtes branches de sapin, en enroulant la tige avec une bonne quantité de fil de fer (il sera de toute façon invisible), toujours dans la même direction et en prenant soin de conserver tout autour une épaisseur identique ainsi qu'un cercle parfait.

4. Nichez les pommes de pin au creux des branches, disposez noix et fruits harmonieusement, enfilez pommes et baies tendres sur des morceaux de fil de fer plantés dans la couronne. Les fleurs séchées et les piments peuvent être collés, ou attachés avec du fil de fer si vous comptez les réutiliser.

Une couronne pour chaque saison

Une couronne symbolise la fête, la joie, la célébration. Une simple tige de vigne vierge enroulée sur elle-même vous permettra de réaliser des couronnes très variées.

Une couronne jaillit en quelques instants d'une idée spontanée, ou voit le jour après des heures de labeur. Cadeau ou décor impromptu pour un anniversaire, une fête, un mariage, elle peut être éphémère et se composer de quelques tiges de vigne vierge, entourées de fleurs et de feuilles. Les versions d'automne et d'hiver, seront recouvertes de matériaux que l'on fait sécher et que l'on colle en place.

Les quatre couronnes que l'on voit ci-contre sont très différentes l'une de l'autre : elles symbolisent les quatre saisons. Mais n'hésitez pas à improviser pour créer des décors plus personnels.

Vous pouvez n'utiliser qu'une seule couleur, par exemple, ou bien combiner des couleurs fortes et contrastées. Une seule variété de fleurs ou tout un arc-en-ciel de roses épanouies dans des tons pastel.

Essayez aussi d'utiliser une longue tige de jasmin d'été, ravissante et délicate avec ses fleurs en forme d'étoiles, qui embaumera toute une pièce ; ou bien des petits bouquets de baies hivernales en mélangeant les tons de vert, de noir, de rouge et d'orangé.

CI-DESSUS *Des rameaux de vigne ou de vigne vierge torsadés pour former un cercle permettent ensuite d'entrelacer ou de coller fleurs et baies pour réaliser de superbes guirlandes.*

EN HAUT À GAUCHE LE PRINTEMPS *Cette harmonie fraîche de bleu, de vert et de jaune pâle évoque le printemps. Les bouquets de primevères, les brins de myosotis, les hellébores vert pâle et les euphorbes vert perroquet proviennent d'un jardin en pleine campagne.*

EN HAUT À DROITE L'ÉTÉ *Le mauve pâle de la clématite Perle d'Azur se marie au violet et au blanc de deux variétés de clématites plus petites* (Viticella). *Pour le contraste, on a parsemé l'ensemble de quelques feuilles de pervenche. La tige et les vrilles de la vigne vierge que l'on aperçoit sont du plus bel effet.*

EN BAS À GAUCHE L'AUTOMNE *Le choix est vaste en cette saison, mais les rouges et les roux des baies et des feuilles sont toujours spectaculaires. Il est parfois plus facile de faire de petits bouquets, que l'on fixe ensuite sur la couronne, plutôt que d'attacher les tiges séparément.*

EN BAS À DROITE L'HIVER *Voici des feuilles séchées, des noix et des fruits collés sur une couronne en tiges de vigne vierge. Utilisez un pistolet à colle, car avec de la colle ordinaire, le travail serait plus fastidieux. Les feuilles du magnolia et de la boule de neige, qui virent au brun chaud, sont magnifiques.*

Des bulbes pour l'hiver

Les bulbes en fleurs, qui égaient et parfument la maison pendant les sombres jours d'hiver, apportent la joie et la promesse du printemps déjà proche.

Pour vous assurer une floraison hivernale, achetez des bulbes préparés et forcés, sinon ils fleuriront plus tard, même si vous les tenez à l'intérieur. Faites durer le plaisir et organisez votre programme de floraison en conservant certains d'entre eux dans un endroit plus froid, ce qui retardera leur épanouissement.

Avec la plupart des plantes que vous achetez, vous recevez des indications sur

EN HAUT *Pour planter des jacinthes en pot, procurez-vous un terreau spécial pour les bulbes et des étiquettes pour les identifier. Les bulbes doivent être assez près les uns des autres, sans se toucher et à peine visibles en surface. Placez les pots dans un placard sombre et frais, une cave ou un appentis, ou même dans le jardin et attendez 8 semaines au moins.*

CI-DESSUS *Quand les tiges atteignent 5 cm avec un bouton naissant, les racines sont assez développées. Placez alors les pots à la lumière, mais sans chaleur (sous un porche ou dans une chambre fraîche). Quand les tiges sont vertes, recouvrez les pots de mousse si vous le désirez, placez-les à la chaleur et regardez-les fleurir.*

le temps qu'il faut aux racines et à la tige pour se développer. En règle générale, ne les exposez pas à la lumière avant que la tige (celle des jacinthes notamment) n'ait atteint au moins 5 cm, ce qui vous garantira un bouton bien développé.

Bien des bulbes peuvent pousser de cette manière : les tulipes, les narcisses, les amaryllis, les jacinthes et les crocus. Les jacinthes sont souvent les plus belles et poussent dans des récipients divers : saladier, seau en métal ou autre réceptacle assez profond. Et les trous de drainage sont inutiles ! Les vases à jacinthe sont nés au XVIIe siècle et l'on trouve, encore aujourd'hui, des modèles datant du XIXe ou même du XVIIIe siècle, dans de somptueuses couleurs d'ambre, de bleu ou de vert.

Vous pouvez placer un bulbe unique dans la partie supérieure, qui lancera ses racines vers le bas.

EN HAUT *Voici une collection de verres à jacinthe, remplis d'eau et d'un bulbe unique ; il est recommandé de placer un morceau de charbon de bois dans l'eau pour la garder pure. Le bulbe doit seulement effleurer la surface de l'eau. Rangez les verres dans un endroit frais et sombre, ou recouvrez-les d'un cône en papier.*

CI-DESSUS *Les racines ont tôt fait de se développer et de jouer avec la lumière. Confiez aux enfants un verre et un bulbe à eux pour qu'ils en suivent toutes les étapes. Attendez le développement de la tige avant d'ôter le chapeau en papier ou de placer les vases à la lumière. Quand les tiges verdissent, installez à la chaleur pour que les fleurs se développent.*

Cueillis dans les bois et les haies

À certains moments de l'année, la nature est généreuse dans les bois et les sentiers. Foulez le domaine des oiseaux et des écureuils et récoltez des trésors, comestibles ou décoratifs.

Finis les jours où l'on partait en train spécial, pour dévaster les clairières de jonquilles sauvages ou de perce-neige. Certaines lois interdisent désormais ce vandalisme et protègent une flore en voie de disparition et les animaux qui en vivent. Mais il nous reste bien des merveilles, poussant à profusion, qui subissent, sans dommage les cueillettes répétitives. Veillez cependant à ce que l'espèce que vous allez cueillir ne soit pas protégée.

Il y a peu de temps encore, tous les médicaments étaient composés d'herbes et des récoltes régulières étaient organisées pour faire des vins, des conserves ou des potions médicinales ; baies de sureau pour les maux de gorge et le rhume ou infusion de feuilles de fraisier pour faciliter l'accouchement. Confitures et condiments étaient également préparés en ces périodes d'abondance pour être consommés plus tard.

CI-DESSUS *En automne, les champignons et les mousses prolifèrent dans les sous-bois, ainsi que les châtaignes et certaines baies comestibles. La récolte des champignons demande quelques connaissances et une identification par un spécialiste. D'autres fruits et noix sont plus simples à reconnaître. Mais tout ceci est inutile si votre seule intention est de décorer votre intérieur. Disposez les châtaignes et les glands dans des coupes, tressez des couronnes de feuilles et de graines emplumées et profitez des belles prunes jaunes avant de les submerger sous le cognac pour les transformer en liqueur.*

UNE ANNÉE DE RÉCOLTE

Faites planter par un enfant dans un pot plusieurs des petites fleurs ramassées au cours d'une promenade printanière. Autant qu'un souvenir de longue durée, elles lui enseigneront le début du cycle des saisons.

Une expédition estivale à la campagne vous permettra de découvrir quelques fleurs de sureau. Cuisez-les avec des groseilles, ou confectionnez des glaces : leur arôme musqué se révélera savoureux et plein de mystère. Plus tard, les fleurs se transforment en baies d'un noir violet avec lesquelles on fait de délicieuses gelées ou du vin doux.

L'hiver possède aussi ses trésors : capsules pleines de graines, poignées de baies négligées par les oiseaux, irrésistibles coquilles d'escargot rayées, galets parfaitement lisses et que dire des petites branches moussues ?

CI-CONTRE Un peu tombés en désuétude les coings et les nèfles, sauvages ou cultivés, méritent de repeupler nos jardins et nos haies. Le néflier se couvre de jolies fleurs roses au printemps, tout comme le cognassier, mais ses fruits sont petits et bruns, au contraire des coings parfumés et veloutés.

CI-DESSUS Les châtaigniers sauvages produisent souvent des fruits assez gros pour être consommés, mais ils s'épanouissent mieux en climat chaud. Quelle que soit leur taille, les châtaignes et leurs bogues épineuses sont assez belles pour servir d'ornement.

CI-CONTRE Les mûres seront votre consolation le jour où les ronciers auront pris racine dans votre jardin. Cueillez-les en toutes saisons (avec des gants épais) pour décorer la maison, mais surtout quand les fruits sont entre verts et mûrs. Quant à la gelée de mûres, avec son goût d'enfance, il n'y a rien de meilleur sur des tartines beurrées !

Bouquets d'herbes

Qu'il s'agisse de cuisine, de médecines ou d'onguents délassants, avec les herbes, c'est toujours une question d'arôme !

Bien que la plupart des traditions domestiques aient succombé au progrès et à la modernité, les herbes médicinales et culinaires ont conservé leur prestige et connaissent même, aujourd'hui, un regain d'intérêt. Leurs vertus et leur arôme doivent être un peu magiques pour se laisser capturer et dispenser leur bienfaits bien après que la plante elle-même se soit fanée.

Bien sûr, nous ne parsemons plus le sol de nos maisons de brins de romarin et ne rembourrons plus nos matelas d'herbe odoriférante, mais les sachets parfumés embaument toujours nos armoires et les bouquets d'herbes séchées, disséminés dans une pièce, en éloignent encore les insectes. Inutile d'avoir un jardin aromatique sophistiqué : le romarin, le thym, la sarriette, la lavande naine et le persil poussent très bien dans des pots.

En cuisine, les herbes fraîches sont nettement meilleures et peu valent la peine d'être séchées.

Conservez-les plutôt dans l'huile d'olive ou bien dans le vinaigre pour assaisonner les salades ou pour aromatiser des fromages.

Vous pouvez aussi parfumer un flan ou un gâteau de riz avec une feuille de laurier ou un brin de romarin.

CI-DESSUS *Voici quelques conserves pour l'hiver, qui feront également de très jolis cadeaux : placez dans un bocal des fromages de chèvre, des brins de thym, de laurier et de romarin frais et recouvrez d'huile d'olive assaisonnée et parfumée à l'ail ; faites mariner de l'estragon, de l'aneth, du romarin, du basilic ou de la sarriette dans un bon vinaigre de vin ; confectionnez une gelée de pomme limpide, additionnée de jus de citron, parfumez à la lavande, à la menthe ou à la feuille de géranium, versez dans des petits pots et consommez avec certaines viandes, ou sur des tartines.*

CI-DESSUS Confectionnez des petits sachets plats et placez-les à l'intérieur d'un oreiller ou de votre coussin favori, pour les parfumer. Le choix de l'arôme est le vôtre... houblon pour un sommeil paisible, lavande ou romarin stimulants, pétales de rose, jasmin ou aspérule pour parfumer divinement, tout simplement.

CI-DESSOUS Faites un petit bouquet de romarin, d'absinthe (antimite), de sauge et d'immortelles, ajoutez quelques brins de lavande. Nouez avec un ruban bien serré et suspendez derrière une porte, un grand meuble ou le dossier d'une chaise. Le bouquet séchera lentement et conservera longtemps son arôme.

CI-DESSUS Les petites feuilles décoratives du géranium citronnelle étaient très populaires au XIXe siècle. À table, une seule feuille parfumée flottait dans les rince-doigts et l'on en aromatisait les gâteaux très sucrés et autres desserts. Outre la citronnelle ou l'oranger, le géranium peut sentir l'eucalyptus, la pêche, l'absinthe, la menthe, la pomme, le cèdre ou la rose. Offrez-lui une place de choix sur le rebord de votre fenêtre.

Pour l'amour des roses

Depuis que l'on cultive des fleurs, la rose est, à la fois, un symbole, un aromate important dans la préparation des mets et des alcools et une fleur décorative. Les milliers de variétés que nous connaissons sont toutes issues de la même rose sauvage.

Rondes et dodues, les roses rustiques sont très parfumées, composées de multiples pétales et d'un cœur mordoré. Leurs couleurs tendres et subtiles, parfois fortes, vont du blanc nacré le plus pâle au violet sombre, parfois panachées ou tachetées de plusieurs couleurs. Les tons vifs et purs des hybrides modernes sont souvent trop criards, mais une fois sèches, elles font de jolis bouquets d'hiver et de bons pots-pourris. Les rosiers acceptent de pousser en bac si votre jardin n'est qu'une petite cour, mais s'il est grand, plantez plusieurs variétés qui fleuriront de juin aux gelées et quelques rosiers anciens dont l'unique floraison, en milieu d'été, sera une explosion de couleurs et de parfums.

PÉTALES ET POTIONS

Si l'un des plaisirs de l'été consiste à cueillir un bouquet de roses fraîches, sachez également préserver leurs nuances et leurs parfums. Les plus anciens pots-pourris sont à base de pétales de roses dont l'arôme perdure. Quant à leurs vertus curatives et calmantes, elles sont, depuis longtemps, connues en médecine et en parfumerie. En cuisine les pétales décorent les gâteaux et aromatisent les confitures et les glaces ; confits, ils embellissent les desserts de l'hiver. Choisissez des variétés fortes en parfum et en couleur : rouges pour les pots-pourris et les lotions, rose vif et rose pâle cristallisés pour décorer les plats.

CI-DESSOUS Suspendez des petits bouquets de roses au-dessus d'une source de chaleur. Elles sécheront en quelques jours et leurs couleurs resteront fraîches et vives. Cueillez-les à peine ouvertes, elles s'ouvriront un peu plus en séchant.

CI-DESSOUS Cueillez des roses tout l'été pour les faire sécher. Quand vient l'automne, vous posséderez une belle quantité de fleurs pour préparer vos décors d'hiver. Mélangez-les à d'autres ou rassemblez-les dans un grand récipient où leurs couleurs variées et leurs riches textures vous rappelleront les plus beaux jours d'été.

CI-DESSUS *Pour fabriquer une lotion à l'eau de rose, douce mais légèrement astringente, faites infuser un grand pot de pétales très parfumés dans de l'eau bouillante. Faites refroidir et filtrez. Mélangez 1 volume de vodka (ou d'alcool à 90°) à 10 volumes d'infusion. Accentuez le parfum en ajoutant quelques gouttes d'eau de rose trois fois distillée. Mettez en flacons et bouchez soigneusement. Avant d'utiliser, décorez de quelques pétales frais.*

EN HAUT *Il existe plusieurs méthodes pour cristalliser des pétales de rose. Voici la plus simple : dans un petit pot dont le couvercle se visse, dissolvez 2 cuillères à café de gomme arabique en poudre dans une quantité d'eau de rose distillée, suffisante pour la recouvrir. Attendez 24 heures en agitant de temps en temps, jusqu'à obtenir une substance épaisse et collante. Appliquez le mélange sur les pétales de rose, puis saupoudrez de sucre en poudre.*

Laissez sécher au chaud sur un grillage et conservez dans un récipient hermétique. Décorez vos gâteaux et desserts.

CI-DESSUS *L'effet est ravissant sur des meringues rose pâle et ils sont aussi délicieux que jolis !*

CI-CONTRE *Conservez les lotions faites maison et les eaux florales dans des flacons en verre bien bouchés qui feront de jolis cadeaux. Choisissez, dans ce cas, des flacons de parfum ou de potions anciens, aux formes originales.*

Lavande, le doux parfum d'antan

La lavande est la plus connue et la plus appréciée des herbes aromatiques et son parfum frais et propre n'est jamais démodé.

CI-DESSUS *L'habitude de placer des brins de lavande séchée dans les vêtements et dans le linge est très ancienne. Pour les chemises suspendues à des cintres, confectionnez de minuscules couronnes avec des brins de lavande attachés à un anneau de fil de fer et accrochez-les par des rubans.*

CI-DESSUS *Pour que les fleurs de lavande ne s'égrènent pas, confectionnez des petites « bouteilles » à la mode d'autrefois : nouez serré une vingtaine de brins de lavande frais juste au-dessous des fleurs, repliez les tiges sur les fleurs et nouez à nouveau. Disposez au milieu du linge, dans les placards et les tiroirs.*

L'histoire de la lavande remonte à la nuit des temps. Elle évoque le linge propre et tiendrait d'ailleurs son nom du latin *lavare,* laver. Quoi qu'il en soit, elle est indissociable de la propreté et de la pureté et ses vertus curatives s'exercent sous différentes formes : légèrement astringente pour les peaux grasses et antiseptique sur les contusions, elle est également recherchée en aromathérapie. Elle parfume aussi la maison, le savon, la cire, eaux de toilette et repousse les insectes.

Il existe de nombreuses variétés poussant dans diverses parties du monde et, bien que plantes des régions ensoleillées, certaines lavandes s'épanouissent dans des climats plus humides et y fournissent parfois les meilleures huiles essentielles. Grâce à la profusion des fleurs, ces huiles sont faciles à extraire par distillation. Il n'y a pas si longtemps, tout le sud de la France était entièrement tapissé de fleurs mauves qui fournissaient une grande partie de l'huile de lavande.

Choisissez les variétés avec soin, pour leur couleur et leur odeur, selon l'usage auquel vous les destinez : lavandes naines dont les fleurs sèchent très bien, ou plantes plus généreuses et délicieusement odorantes. Plantez-en dans votre jardin, en bordure d'allée ou près d'une porte, pour que chacun puisse froisser une fleur au passage et en respirer l'odeur pénétrante. Si vous avez de la place, cultivez plusieurs types de lavande, dont celles à fleurs blanches et roses, ou les espèces sauvages de la Méditerranée.

CI-CONTRE *Bon marché, la lavande sert souvent de base aux pots-pourris. Ce bain-de-pied ancien, simplement rempli de fleurs de lavande et d'un zeste de citron devient un objet d'ornement plein de charme.*

CI-DESSOUS *Composez une essence pour le bain en faisant infuser une poignée de fleurs de lavande fraîches dans 25 cl de vodka ou d'alcool à 90°. Laissez reposer 6 jours puis filtrez. Ajoutez 5 gouttes d'huile essentielle de lavande, 2 cuillères à café d'eau de fleur d'oranger et d'eau de rose et 4 cuillères à café d'eau distillée. Agitez bien et versez dans une bouteille à goulot étroit. Utilisez avec modération.*

EN HAUT *La lavande a parfumé les cires faites à la maison depuis l'époque où ses fleurs fraîches étaient parsemées sur la terre battue ou accrochées aux fenêtres. Cette cire est excellente sur les meubles anciens et les parquets. Mettez-la en pots pour faire des cadeaux.*

CI-DESSUS *Pour fabriquer de la cire, faites bouillir 1/2 litre d'eau avec une poignée de fleurs de lavande. Laissez infuser 1 heure et filtrez. Réchauffez et râpez dans le mélange 60 g environ de savon de Marseille. Laissez tiédir. Faites fondre au bain-marie 120 g environ de cire d'abeille et 1/2 litre de térébenthine. Ajoutez au mélange savonneux. Battez en crème et versez quelques gouttes d'huile de lavande avant de mettre en pots. La cire peut être également parfumée au romarin ou au zeste de citron.*

Un pot-pourri à l'ancienne

Ce mot nous vient de l'espagnol. Le pot-pourri traditionnel consiste en une fermentation de fleurs fraîches et son parfum est, de loin, le plus délicieux.

Déjà au Moyen Âge on parfumait les maisons grâce à un cocktail épicé de poudre de pétales, d'herbes variées, de roses et de fixatifs, mais c'est vers le milieu du XVIIIe siècle que sont apparus les mélanges odorants de fleurs, d'épices et d'huiles, plus connus sous le nom de pots-pourris, ainsi que les poteries spéciales pour les contenir. Dès le début, les roses furent le principal composant et, associées à cette méthode humide, elles permettent de confectionner des pots-pourris pendant tout l'été.

Aujourd'hui, le nom désigne, le plus souvent, un mélange de fleurs séchées, de

1. *Il vous faut une grande quantité de pétales de roses très parfumés, des roses anciennes de préférence (Rosa Gallica Officinalis est, depuis longtemps, la plus utilisée en parfumerie). Sinon, utilisez n'importe quelles roses, sauf celles qui ne sont pas parfumées. Détachez les pétales et étalez-les dans un endroit chaud pour qu'ils sèchent à demi (à l'extérieur, en plein été par exemple). Lorsqu'ils sont prêts, les pétales semblent parcheminés.*

2. *Préparez une grande quantité de gros sel marin. Superposez les couches de pétales et les couches de sel dans un grand bol en grès à raison de 10 tasses de pétales pour 3 tasses de sel. Couvrez le bol avec une assiette et posez dessus un gros poids. Placez le bol dans un endroit frais. Tous les jours, soulevez l'assiette et mélangez. Répétez l'opération pendant 6 semaines environ, jusqu'à obtention d'un mélange brun et friable.*

3. *Amusez-vous à présent à mélanger d'autres parfums et ingrédients. Ajoutez des fleurs séchées odorantes et des feuilles : lavande, jasmin, feuilles de laurier brisées, romarin, géranium, verveine-citronnelle, ou bien des zestes séchés d'agrumes. Ajoutez aussi des épices : clous de girofle, noix de muscade, cannelle, fèves de tonka, gousses de vanille, et de la toute-épice. Ajoutez les ingrédients à la petite cuillère, en mélangeant bien et en vérifiant régulièrement le parfum. Pour « fixer » les parfums, versez 5 cuillerées à café de racine d'iris (utilisée à cet effet depuis des siècles) pour 10 tasses de mélange. Pour finir, ajoutez quelques gouttes d'huile essentielle, au parfum de votre choix, si le parfum obtenu n'est pas assez puissant.*

feuilles et autres ingrédients, imprégnés d'huiles parfumées et de fixatifs, chaque ingrédient étant parfois peu odoriférant. Si vous disposez de pétales de roses, essayez plutôt cette recette ancienne.

4. *Malaxez soigneusement avec une cuillère en bois, ou à la main pour que l'homogénéité soit parfaite. Versez dans des sacs en papier (jamais en plastique !), fermés par des pinces à linge et laissez reposer dans un endroit sombre et frais pendant au moins 6 semaines, en agitant les sacs de temps en temps, pour que tous les parfums se « fixent » et se mélangent intimement.*

5. *Ce pot-pourri n'est pas vraiment joli d'aspect ; il restera donc le plus souvent recouvert. Versez-le dans des pots à couvercle, ou des paniers et couvrez. Quand vous désirez en profiter, ôtez le couvercle et placez-le dans un endroit chaud.*

Six pots-pourris d'aujourd'hui

La manière la plus simple de préparer un pot-pourri est de mélanger des ingrédients secs avec un fixatif et des huiles essentielles. Les ingrédients eux-mêmes peuvent donc être inodores et choisis surtout pour leur texture et leurs couleurs, au gré de votre fantaisie.

Bol bleu (CI-DESSUS) *Zestes d'orange séchés, lavande, pied-d'alouette, soucis, cannelle, clous de girofle, cynorrhodons, pétales de roses. Huiles essentielles : lavande et oranger.*

Bol orangé (CI-DESSUS) *Faînes, zestes d'orange séchés, romarin, feuilles de laurier, hortensia, zeste de limette séché, boutons d'iris. Huiles essentielles : romarin et limette.*

Pétales et feuilles restent les ingrédients de base d'un pot-pourri moderne. Les autres ingrédients naturels sont choisis pour leurs couleurs et leur capacité à absorber les parfums.

Certains mélanges trouvés dans le commerce contiennent des morceaux de bois teints, absorbants certes, mais sans grand intérêt visuel. Recherchez plutôt les capsules de graines aux formes originales, les petits fruits secs, les baies et les tiges, ainsi que les épices entières et les écorces de fruit. Les feuilles sèches sont également jolies, ainsi que les mousses et les lichens.

Concentrez-vous sur une couleur unique et forte et choisissez un récipient assorti.

Quand tous les ingrédients sont réunis, ajoutez des épices moulues ou entières. Un fixatif est inutile si vous parfumez souvent aux huiles essentielles, sinon, fixez avec de la racine d'iris (2 cuillères à café pour 10 tasses de pétales), mélangez bien, puis versez quelques gouttes de l'huile essentielle de votre choix. Continuez à mélanger jus-

Bol mauve (EN HAUT) *Lavande, hibiscus, mauve, tulipe violette, baies de mahonia. Huiles essentielles : violette ou lavande.*
Bol rose (CI-DESSUS) *Feuilles d'eucalyptus, pétales de roses, tulipes roses. Huiles essentielles : rose thé.*

Bol rouge (EN HAUT) *Roses pourpres, hibiscus, mélange aromatique, piments rouges, noix de muscade entières, cynorrhodons, bâtons de cannelle, célosies, pivoines, clous de girofle. Huiles essentielles : pin, genièvre, néroli.*

Bol turquoise (CI-DESSUS) *Tulipes jaunes, jonquilles, freesia, renoncules, soucis, coreopsis, morceaux de bois de cèdre, zestes de citron séchés. Huiles essentielles : jasmin, cèdre, bergamote.*

qu'à ce que le parfum vous plaise. Versez dans des sacs en papier, fermez et placez dans un endroit sec et sombre pendant 6 semaines, avant d'utiliser.

Tous les pots-pourris de cette page ont été préparés de la même manière, à partir d'une couleur qui a déterminé le choix des ingrédients.

CI-CONTRE *Un repas de fête réclame un décor aussi beau que celui-ci, piqué dans la mousse. C'est un ensemble de fleurs printanières cueillies dans le jardin : jacinthes, tulipes blanches et roses, floraisons d'arbustes variés. Les bouquets achetés chez les fleuristes sont toujours plus jolis lorsqu'on y mélange du feuillage.*

Des centres de table astucieux

La table est le centre d'intérêt d'une pièce, qu'elle soit ou non utilisée pour les repas. Des fleurs, des fruits, des légumes et toutes sortes de récipients variés peuvent être disposés ensemble pour la décorer.

Si toutes les fantaisies sont permises en matière de décor de table, le bon déroulement du repas ne doit pas pour autant en être perturbé : évitez donc les bouquets gigantesques, trop élaborés et trop parfumés.

La table familiale mérite, elle aussi, une jolie coupe de fruits ou de légumes placée en son centre, prête ou non à être dégustée, même si vous avez peu de temps.

Dans les grandes occasions, quand les nappes précieuses et l'argenterie sortent des placards, choisissez des fleurs un peu plus sophistiquées, même si elles viennent du jardin. Si vous êtes pauvre en vases, des moules à gâteaux, des paniers ou des verres feront l'affaire. Vous pouvez aussi arranger vos fleurs directement dans la mousse sur une base étanche, surtout si vous désirez recouvrir la table avec une ornementation basse.

EN HAUT *Une des idées les plus faciles à réaliser (quitte à remplacer les pommes de pin par des fruits) : placez-les sur un compotier et nouez, avec panache, un ruban ancien en satin de soie autour d'une anse.*

CI-DESSUS *Un petit panier de jardinage en bois éclaté est un réceptacle parfait pour ces fruits jaunes et orangés et ces narcisses odorants. Dès la fin du repas, les fleurs coupées devront très vite être installées dans l'eau.*

EN HAUT *Voici une décoration simple, pour un repas ordinaire sur une table en bois. Le plat en métal mexicain est le point de départ de cet ensemble où s'harmonisent des poires rouge sombre, des poivrons rouges et un piment écarlate.*

CI-DESSUS *Des graines, des fruits et des baies remplissent les compartiments d'une boîte à épices ancienne pour composer un décor de table variable à l'infini. N'importe quel petit réceptacle peut convenir à cette réalisation.*

La table en fête

Les couleurs gaies et la lumière des bougies réchauffent l'hiver à la campagne. Inventez des décors originaux composés de fruits et de baies pour célébrer joyeusement les fêtes de fin d'année.

Au temps où les bougies étaient le seul moyen d'éclairer la nuit, sans doute n'accordait-on que peu de prix à la magie ou au romantisme de leurs petites flammes vacillantes. Aujourd'hui nous avons le choix et nous utilisons les bougies pour créer une ambiance, animer un décor et transformer un dîner en fête. Elles nous enchantent autant qu'un feu de bois et font partie de toutes les réjouissances.

Le plus simple décor de bougies est souvent le plus beau : lumignons placés dans des verres et alignés sur le rebord de la fenêtre, ou gros bâtons de cire d'abeille rassemblés sur un miroir. Les bougies blanches ou crème sont plus raffinées et moins chères que les colorées. Ayez toujours un assortiment de bougies blanches, de lumignons, de chandelles miniatures pour arbre de Noël et de bougies d'anniversaire pour décorer les desserts, les gâteaux ou les fleurs.

Composez aussi de beaux centres de tables avec des matériaux naturels à découvrir dans les arbres et les haies, longtemps après que les feux de l'été se seront éteints. Cueillez, avant les oiseaux, des grappes de baies lustrées pour vos décors d'automne et achetez des fruits de saison.

EN HAUT *Deux petites faisselles en métal ont été recyclées en bougeoirs. Quand la bougie brûle elles s'éclairent de points lumineux qui réveillent les coins sombres. Tous les récipients métalliques font d'excellents porte-bougies et reflètent la lumière lorsqu'ils sont neufs.*

CI-DESSUS *Différents types de baies ont été assemblés en bouquets pour former un centre de table. On y trouve du gui, des baies de lierre, de cotoneaster et de pyracantha, ainsi que des cynorrhodons. Chaque petit bouquet a été attaché puis entouré d'un napperon en papier et enfin disposé dans un panier où l'on a piqué plusieurs bougies blanches. Surveillez bien ces bougies car elles se consument très vite.*

EN HAUT *Ces pommes étincelantes font de très jolis lumignons. Découpez une rondelle à la base de chaque pomme, creusez légèrement et cachez un lumignon à l'intérieur. Disposez-en toute une rangée sur une étagère, un rebord de fenêtre ou, comme ici, de cheminée.*

CI-DESSUS *Transformez des clémentines en bougeoirs pour bougies miniatures. Il est assez facile de glisser une bougie au milieu ; si vous ne pouvez pas, percez avec un couteau pointu.*

CI-CONTRE *Un plat ancien en Wedgwood a inspiré ce décor simple, composé de moules emporte-pièce remplis d'airelles et de maïs soufflé.*

CI-CONTRE *Toutes ces petites boîtes en bois de diverses essences avaient chacune leur fonction : boîte à cartes de visite, à thé ou à boutons de faux-col. Toutes réunies sur un bureau, elles sont resplendissantes.*

À DROITE *Un assortiment de collections trône sur ces étagères : les petites voitures et les camions voisinent avec les burettes et les cartes géographiques avec les encriers, tandis que plusieurs collections de livres leur servent de toile de fond. Le tout forme un tableau chargé mais charmant.*

Des collections rustiques

Le caractère bon enfant du style rustique permet de collectionner toutes sortes de choses : héritages de famille, trouvailles insolites d'une chineuse, ou objets qui se multiplient sans qu'on y prenne garde.

La plupart d'entre nous collectionnent, sans même s'en douter : des rangées de pots de conserves appétissantes sur des étagères, des coffres remplis de linge, des photos ou les premiers dessins des enfants, des souvenirs de voyage ou des coquillages... sans les considérer comme des collections. Et tous ces objets ordinaires ont un intérêt décoratif.

Réunissez les morceaux de porcelaine trouvés çà et là dans un grand bol en faïence, les coquillages et petits galets dans une coupe en papier mâché.

Les collections plus importantes ou les objets de grande taille demandent un peu de réflexion s'ils occupent la surface d'une table, d'un bureau ou d'une étagère. Ils peuvent ne pas être seulement décoratifs, mais aussi utilitaires, tels les outils anciens pour travailler le bois, les paniers, les brocs et les pichets, les pots en terre cuite ou les chapeaux.

CI-CONTRE *Une collection d'objets dépareillés ne coûte pas très cher et les tasses et soucoupes achetées au petit bonheur prennent bientôt beaucoup de place. Celles-ci sont essentiellement décorées de fleurs, mais d'autres motifs délicats pourraient servir de thème.*

THE MOTHS OF THE BRITISH ISLES
SERIES I
RICHARD SOUTH
148 PLATES
THE MOTHS OF THE BRITISH ISLES
SERIES II
RICHARD SOUTH
148 PLATES
AIRCRAFT
BASIC AIRCRAFT
THE HANDBOOK OF BRITISH BIRDS
BIRDS OF THE BRITISH ISLES & THEIR EGGS
PICKFORDS

À GAUCHE *Sur un joli guéridon en rotin aux rebords festonnés s'étale une collection de coquillages. Ils sont disposés avec soin, les plus grands contenant les plus petits. L'abat-jour apporte une touche d'humour au décor.*

CI-CONTRE *Une collection d'œufs éclos est disposée sur du sable dans un plat ovale. Il est devenu illégal de collectionner des œufs, mais les collections anciennes se transmettent de génération en génération.*

Glanés au hasard

Une collection commence souvent par hasard : objets rejetés par l'homme ou la nature, ou hérités... mais dont la valeur importe peu. C'est la nature qui fournit souvent les plus belles choses.

Certaines des plus jolies collections sont composées d'objets naturels, rejetés ou méprisés par l'homme. Attention cependant, ne vous appropriez que ce qui vraiment ne sert plus ! Un nid, par exemple, ne peut être enlevé qu'une saison au moins après qu'il a cessé de servir, lorsque l'on est absolument sûr que l'oiseau n'y reviendra pas.

Si vous achetez des coquillages exotiques, essayez de savoir s'ils ont été rejetés, vides, par la mer ou pêchés vivants. Vous n'aurez jamais aucun problème avec les galets des plages, les algues, les bois flottés, les morceaux de filets ou autres débris marins.

Les graines, les noix et les noisettes sont souvent si abondantes qu'elles peuvent être ramassées sans crainte... mais plantez-en quelques-unes, vous apporterez ainsi votre contribution à la préservation de la nature.

CI-CONTRE *Assemblés dans un joli panier d'époque victorienne, ces vieux nids garnis de mousse de chêne et de brindilles composent un mini-paysage riche en couleur et en relief. Les oiseaux d'aujourd'hui font toujours leur nid avec des toiles d'araignée, des cheveux et de la mousse, mais ils se laissent parfois tenter par la ficelle en plastique.*

Des bibelots bien présentés

Dans la plupart des intérieurs, les surfaces horizontales sont vite encombrées. Organisez d'abord vos espaces de rangement, afin d'y cacher ce qui doit l'être, ensuite, profitez de la place gagnée pour exposer ce qui vaut la peine d'être vu.

Quelques puristes n'aiment que les décors minimalistes... mais les murs nus, le moindre objet rangé dans un placard fermé et les grandes surfaces propres et vides sont en contradiction avec la vie à la campagne. Le décor y est souvent né d'un lent processus d'accumulation d'objets pratiques qui ne peuvent être rangés faute de place. De plus, les beaux meubles ont toujours été chers et l'on a souvent eu recours à l'improvisation, sauf dans les maisons très cossues. Par rituel, quelques endroits ont donc été réservés aux objets purement décoratifs : le rebord de la cheminée, par exemple, où s'alignent les bougeoirs, la pendule traditionnelle, deux jolies assiettes en porcelaine ou quelques figurines disposés en parfaite symétrie.

L'agencement des tables est souvent plus fantaisiste, mêlant l'utile à l'agréable : une lampe pour lire, un bouquet de fleurs fraîches, un bol de pot-pourri et une pile de livres passionnants. N'oubliez jamais, cependant, de réserver un espace pour la tasse de café, les lunettes et le journal à moitié lu, car rien n'est plus désagréable qu'un amas de bibelots inutiles et encombrants.

Sur la table de l'entrée, cet endroit où l'on ne fait que passer, disposez quelques objets accueillants, mais réservez là aussi une place pour les clefs et le courrier du matin. La cuisine est un cas plus délicat, certains « chefs » ne pouvant exprimer leurs talents que sur des plans de travail totalement vides. Pourtant, une cuisine campagnarde manque un peu d'âme sans un léger désordre. Il y faut au moins des fruits et légumes fraîchement cueillis et quelques bouquets d'herbes.

CI-DESSUS *Quand les fleurs poussent en abondance, pourquoi s'en priver? Ce décor mélange des leurres en bois en forme de canard, des tasses anciennes en étain, des bougeoirs modernes en métal et de la faïence blanche remplie de fleurs printanières.*

CI-CONTRE *Le tissu au motif floral, qui recouvre cette table, a inspiré une nature morte dans un panier peint et une petite collection d'objets en bois.*

Des murs bien habillés

En matière de décoration murale, nous sommes un peu timides. Outre les tableaux et les miroirs, l'on peut pourtant accrocher bien des choses sur les murs !

À la campagne, la surface des murs n'est parfois que creux et bosses, mais dans des pièces généralement petites, où l'on manque de place, elle peut servir à exposer toutes sortes de merveilles.

Les tableaux sont souvent hérités de famille, portraits d'enfants ou d'animaux dont la valeur est bien plus sentimentale qu'artistique. Les paysages et scènes de ferme sont très appréciés, même si l'on trouve les mêmes devant sa porte!

Un miroir est utile pour rectifier une mèche, ajuster un chapeau, mais aussi pour refléter le peu de lumière qui entre par les petites fenêtres. Faites la part belle aux souvenirs et aux aides-mémoire : suspendez des trousseaux de clefs, des cartes postales, un calendrier ou de la ficelle. Car les objets utilitaires ont aussi leur beauté, il suffit de choisir avec soin le moyen de les accrocher.

Un patchwork de formes et de textures recouvre ce vieux mur aux poutres apparentes. Tous les styles sont représentés dans ce mélange éclectique de tableaux, de bougeoirs, de couronnes et de souvenirs qui s'harmonisent et se complètent avec bonheur.

CI-DESSUS *Des étagères peu profondes ont été intégrées au mur, formant comme un vaisselier, audessus d'un grand placard. Peintes d'un bleu-vert, mat et doux, elles ne contiennent pas seulement des livres, mais aussi des tableaux, des cartes et des objets divers. À l'avant s'épanouit un nuage de genêts dans un grand vase.*

CI-CONTRE *Dans ce meuble d'angle gallois, très original et décoratif, sont exposés des objets divers et des fleurs aux couleurs vives.*

La bonne étagère

L'étagère est incontestablement le meilleur espace de rangement, et le plus ancien. La plupart des choses peuvent y être regroupées. Simples planches soutenues par des équerres ou rayonnages sophistiqués à l'intérieur des meubles, elles sont partout indispensables.

La poussière qui s'accumule sur les objets peu utilisés est le seul inconvénient des étagères. C'est d'ailleurs pour cette raison que les placards ont été inventés. Les rayonnages ont d'abord été protégés par des portes, puis par des portes vitrées.

L'un des agencements les plus simples et les moins onéreux consiste à installer, dans une cuisine, des rangées d'étagères contenant tous les ustensiles dont vous avez besoin. Vous pouvez améliorer l'idée en équipant vos rayonnages de boîtes, de paniers et autres réceptacles où tout sera classé. Le choix des matières est très vaste et se fait en fonction du mur qui les supporte : pin brut ou chêne, ardoise, marbre, bois peint, fil de fer, verre, métal ou claies.

Si les rayonnages ouverts ne vous plaisent guère, choisissez un meuble garni d'étagères.

Et si les murs de votre cuisine ne sont pas droits, un bon compromis consiste à faire construire un placard intégré, dans le style d'un vaisselier ancien, qui permet de camoufler plâtres effrités et portes biscornues, plutôt que de rechercher le meuble individuel aux proportions idéales.

Ne soyez jamais avare d'espaces de rangement en général et d'étagères en particulier. Inutile de les faire courir d'un bout à l'autre du mur ; superposez, par exemple, des rayonnages étroits pour aligner des livres de cuisine, ou des flacons dans une salle de bains, c'est une solution esthétique qui concentre les objets et fait bon usage d'un petit espace entre une porte et une fenêtre.

CI-CONTRE *Ce vaisselier classique, en pin, est à la fois décoratif et fonctionnel dans une salle à manger. Les étagères ne sont plus assez grandes pour contenir toute la belle collection de porcelaine bleue et blanche qui déborde déjà sur la partie buffet.*

Le contenant vaut le contenu

Toute pièce exige un système de rangement organisé. La cuisine, par exemple, doit être aussi bien orchestrée qu'un bureau. À la campagne, les systèmes d'organisation sont souvent ingénieux, économes, pratiques et beaux!

Les étagères sont à la base d'un système de rangement, mais il arrive que l'on ait besoin de séparer les objets par catégories. Pour cela, utilisez des paniers, des boîtes, des pots en verre et même des

boîtes de conserve. Afin de préserver une certaine unité visuelle, choisissez des contenants identiques ; uniformisés grâce à une couche de peinture ; fabriqués dans le même matériau, le bois par exemple, mais de tailles différentes ; ou bien complètement dépareillés, mais ayant contenu le même produit. Pour conserver les aliments à l'abri dans une cuisine, rien ne vaut les bocaux en verre fermés par un bouchon. Et si vos contenants ne sont pas transparents, inventez un système d'étiquetage discret, mais qui vous permette d'identifier facilement leur contenu.

CI-DESSOUS *Une passion pour l'huile d'olive vous fournira de quoi ranger une foule de petits objets encombrants dans la cuisine.*

1945
21
BOVRIL
THE COOK'S FRIEND

À GAUCHE *Dans cet appentis, un système d'étagères permet de coucher les pots en terre cuite : c'est plus ordonné et plus décoratif à la fois. La boîte en bois au bas de l'étagère, contient des morceaux de terre cuite, à placer au-dessus des trous de drainage et parfois au fond des pots.*

CI-CONTRE *Des lattes de bois fixées au-dessus d'un établi serviront à ranger les petits outils de jardin. L'espace libre servira à faire des plantations ou des semailles, mais attention : stockez les graines dans un récipient hermétique, à l'abri des mulots !*

À l'extérieur

C'est en travaillant et en bricolant que l'on apprend à ordonner l'espace, les outils et le temps. Un appentis et une cabane à outils exigent, eux aussi, d'être bien organisés.

À l'extérieur comme à l'intérieur, les principes d'organisation sont les mêmes. Inévitablement, tout doit être plus solide et résistant, mais aussi plus grossier et moins raffiné.

Les murs ont, là encore, un grand rôle à jouer, mais dans un but utilitaire et non décoratif. Les instruments aratoires à long manche, par exemple, peuvent devenir très dangereux si l'on s'y prend les pieds ; accrochez-les au mur, à des crochets ou à un espalier. Pour le jardin, ayez « une place pour chaque chose et chaque chose à sa place », car la pagaille règne vite parmi les paquets de graines éventrés et les morceaux de raphia. Accrochez tout ce que vous pouvez et utilisez des récipients adéquats pour les graines et les bulbes. Rangez compost et fertilisants dans des boîtes en plastique ou en métal, les gants et les sécateurs dans de vieux paniers. Avant que les pots et soucoupes ne s'empilent en tours branlantes, triez-les par taille et couchez-les sur le côté.

CI-CONTRE *Ces anciennes cagettes à pommes de terre ont été recyclées en boîtes de rangement pour toutes ces petites choses indispensables au jardin : les étiquettes pour identifier les plantes, le raphia, les graines et les gants de jardin.*

BOUTIQUES LAURA ASHLEY DANS LE MONDE

ROYAUME-UNI

• ABERDEEN - 44/45 Bon Accord Centre George Street Aberdeen Scotland AB11BP - (44) 0224 625787
• AYLESBURY - 10 Hales Leys Aylesbury Buckinghamshire HP20 1ST - (44) 0296 84574
• BANBURY - 43 Market Place Banbury Oxfordshire OX16 8NW - (44) 0295 271295
• BARNET - Unit 4 The Spires Barnet Hertfordshire EN5 2UZ - (44) 081 449 9866
• BARNSTAPLE - Unit 32 Green Lanes Shopping Centre Barnstaple Devon - (44) 0271 329072
• BASILDON HB - C/O Sainsbury Homebase Old London Road Vange Basildon Essex SS16 4PR - (44) 0268 584088
• BASINGSTOKE HB - C/O Sainsbury Homebase Winchester Road Basingstoke Hants RG22 6HN - (44) 0256 469510
• BATH - Old Red House 8/9 New Bond Street Bath Avon BA1 1BE - (44) 0225 460341
• BATH HB - C/O Sainsbury Homebase Pines Way Bath Avon BA2 3ET - (44) 0225 339293
• BEDFORD - 75 High Street Bedford Beds MK40 1NE - (44) 0234 211416
• BELFAST - Unit 9 Castlecourt Centre Royal Avenue Belfast N. Ireland BT1 IDD - (44) 0232 233313
• BEVERLEY - 36/40 Toll Gavel Beverley Humberside HU17 9AR - (44) 0482 872444
• BIRMINGHAM - 28, The Pavilions 38 High Street Birmingham W. Midlands B4 7SE - (44) 021 631 2842
• BISHOPS STORTFORD - 17 South Street Bishops Stortford Herts CM23 3AB - (44) 0279 655613
• BLACKHEATH HB - 241 Kidbrooke Park Road Kidbrooke London SE3 9PP - (44) 081 856 9767
• BOURNEMOUTH G - 58 Commercial Road Bournemouth Dorset BH2 5LR - (44) 0202 293764
• BRADFORD HB - C/O Sainsbury Homebase 762 Harrogate Road Greensgates Bradford W. Yorkshire BD10 0QF - (44) 0274 611929
• BRANKSOME HB - C/O Sainsbury Homebase Redlands Parkstone Poole Dorset BH12 1DN - (44) 0202 768311
• BRENT CROSS G - D6/V13 Brent Cross Shopping Centre London Brent Cross NW4 3FB - (44) 081 202 2679
• BRIGHTON - 45 East Street Brighton E. Sussex BH1 1HN - (44) 0273 205304
• BRISTOL BROADMEAD - Unit M14 The Galleries Broadmead Bristol Avon BS1 - (44) 0272 221011
• BRISTOL CLIFTON - 62 Queens Road Clifton Bristol Avon BS8 1RE - (44) 0272 277468
• BROMLEY - 62 High St. Bromley Kent BR1 1EY - (44) 081 290 6620
• BROMPTON ROAD - 47/49 Brompton road Knightsbridge London SW3 1DE - (44) 071 823 9700
• BURY ST. EDMUNDS - 1 The Lexicon Cornhill Bury St. Edmunds Suffolk IP33 1BT - (44) 0284 755658
• CAMBERLEY HB - C/O Sainsbury Homebase 560 London Road Camberley Surrey GU15 3XS - (44) 0276 686227
• CAMBRIDGE - 14 Trinity Street Cambridge Cambs CB2 1TB - (44) 0223 351378
• CANTERBURY - 41/42 Burgate Canterbury Kent CT1 2HW - (44) 0227 450961
• CARDIFF - 6 Queens West Precinct Queen Street Cardiff S. Glamorgan CF1 4AH - (44) 0222 340808
• CARDIFF HB - C/O Sainsbury Homebase Colchester Avenue Roath Cardiff S. Glamorgan CF3 7AN - (44) 0222 499675
• CARLISLE - 3/4 Grapes, The Lanes Carlisle Cumbria CA3 8NH - (44) 0228 48810
• CATFORD HB - C/O Sainsbury Homebase 10 Beckingham Hill Road Catford London SE6 3NU - (44) 081 461 0606
• CHELMSFORD - 10/13 Grays Brewery Yard Springfield Road Chelmsford Essex CM2 6QR - (44) 0245 359602
• CHELMSFORD HB - C/O Sainsburys Homebase Riverside Park Victoria Road Chelmsford Essex CM1 1PG - (44) 0245 257257
• CHELTENHAM - 100 The Promenade Cheltenham Gloucestershire GL50 1NB - (44) 0242 580770
• CHESTER G - 50 Eastgate Row chester Cheshire CH1 1LF - (44) 0244 313964
• CHESTER HF - 17/19 Watergate Row Watergate Street Chester Cheshire CH1 2LE - (44) 0244 316403
• CHICHESTER - 32 North Street Chichester W. Sussex PO19 1LX - (44) 0243 775255
• CHICHESTER HB - C/O Sainsbury Homebase 4, Portland Way Retall Park Chichester W. Sussex PO19 4HN - (44) 0243 533373
• COLCHESTER - 4/5 Trinity Square Colchester Essex CO1 1JR - (44) 0206 562692
• COLCHESTER HB - C/O Sainsbury Homebase St. Andrews Avenue Colchester Essex CO4 3BG - (44) 0206 869187
• COLNE SALE - Boundary Mill Shop Burnley Road Colne Lancashire - (44) 0282 860166
• CORK - Units 9/10 Merchants Quay Patrick Street Cork Ireland - (44) 01035321274070
• COVENT GARDEN - 35/36 Bow Street Covent Garden London WC2 7AU - (44) 071 240 1997
• COVENTRY HB - C/O Sainsbury Homebase Sir Henry Parkes Road Canley Coventry W. Midlands CV5 6RG - (44) 0203 715901
• CRAWLEY HB - C/O Sainsburys Homebase Crawley Avenue West Green Crawley Sussex RH10 2NF - (44) 0293 538351
• CRAYFORD HB - C/O Sainsburys Homebase Stadium Way Crayford Near Dartford Kent DA1 4HN - (44) 0322 558614
• CROYDON - 11/12 Drummond Centre Northend Croydon Surrey CR0 1TQ - (44) 081 688 5177
• CROYDON HB - C/O Sainsbury Homebase 66A Purley Way Croydon Surrey CR0 3LP - (44) 081 684 8250
• DERBY - 8 Albert Street Derby Derbyshire DE1 2DS - (44) 0332 361642
• DERBY HB - C/O Sainsbury Homebase Kingsway Derby Derbyshire DE3 3NF - (44) 0332 291260
• DUBLIN - 60/61 Grafton Street Dublin Ireland - (44) 01035316795433
• DUDLEY - 89 Merry Hill Centre Brierley Hill Dudley W. Midlands - (44) 0384 79730
• EALING - 5 The Broadway Ealing London W5 2NH - (44) 081 579 5197
• EASTBOURNE - 129-131 Terminus Road Eastbourne E. Sussex BN21 3NR - (44) 0323 411955
• EDINBURGH HF - 90 George Street Edinburgh Midlothian Scotland EH2 4JY - (44) 031 225 1121
• EDINBURGH PRINCES ST G - 126 Princes Street Edinburgh Midlothian Scotland EH24 AH - (44) 031 225 1218
• ENFIELD HB - C/O Sainsbury's Homebase 4 Crown Road Off Great Cambridge Road Enfield Middlesex EN1 1AJ - (44) 081 366 2236
• EPSOM - Unit 27 The Ashley Centre Epsom Surrey - (44) 0372 739595
• EXETER - 41/42 High Street Exeter Devon EX4 3AJ - (44) 0392 53949
• FARNHAM - The Barn Lion And Lamb Yard Farnham Surrey GU9 7LL - (44) 0252 712812
• GATESHEAD - 7 The Parade Metro Centre Gateshead Tyne And Wear NE11 9YJ - (44) 091 493 2411
• GLASGOW (BUCHANAN) - 84/90 Buchanan Street Glasgow Strathclyde, Scotland G1 3HA - (44) 041 226 5040
• GLOUCESTER HB - C/O Sainsbury Homebase St. Oswalds Road Gloucester Gloucestershire GL1 2UL - (44) 0452 526806
• GUILDFORD - 71/72 North Street Guildford Surrey GU1 4AU - (44) 0483 34152
• GUILDFORD HB - C/O Sainsbury Homebase Ladymead Retail Park Ladymead Guildford Surrey - (44) 0483 304115
• HARLOW HB - C/O Sainsbury Homebase Howard Way Off Edinburgh Way Harlow Essex CM20 2SU - (44) 0279 413355
• HARRIET STREET LAH - 7-9 Harriet Street Knightsbridge London SW1 - (44) 071 235 9797/6
• HARROGATE - 3 James Street Harrogate N. Yorkshire HG1 1QS - (44) 0423 526 799
• HATFIELD HB - C/O Sainsbury Homebase Oldings Corner Comet Way Hatfield Herts AL9 6JP - (44) 0707 275837
• HEATHROW - Terminal 3 (Landside) Heathrow Airport London Hounslow Middlesex TW6 1JH - (44) 081 759 1951
• HENDON HB - C/O Sainsbury Homebase Rookery Way The Hyde Hendon London NW9 6SS - (44) 081 200 7737
• HEREFORD - 7 Commercial Street Hereford Herefordshire HR1 2DB - (44) 0432 272446
• HIGH WYCOMBE - 30 White Hart Street High Wycombe Bucks HP11 2HL - (44) 0494 442394
• HITCHIN - 121/123 Bancroft Hitchin Herts SG5 1LS - (44) 0462 420445
• HORNSEA POTTERIES SALE - Retall Leisure Park Hornsea Humberside - (44) 0964 536503
• HORSHAM - 3/4 Middle Street Horsham W. Sussex RH12 1NW - (44) 0403 259052
• HULL HB - Priory Sidings C/O Sainsbury Homebase Hessle Road Hull N. Humberside HU13 9NT - (44) 0482 572434
• ILFORD HB - C/O Sainsbury Homebase 714/720 High Road Seven Kings Ilford Essex IT3 5RS - (44) 081 590 0212
• IPSWICH - 17 The Buttermarket Ipswich Suffolk IP1 1BQ - (44) 0473 216828
• IPSWICH HB - C/O Sainsbury Homebase Felixstowe Road Ipswich Suffolk IP3 8TQ - (44) 0473 721124
• ISLE OF MAN - Steve Bradley St. John Tyn Wald Mills Isle Of Man - (44) 0624 801213
• JERSEY - Degruchys King Street St. Hellier Jersey Channel Islands - (44) 0534 608084
• KENSINGTON - 96B Kensington High Street Kensington London W8 4SG - (44) 071 938 3751
• KENSINGTON HB - C/O Sainsbury Homebase 193/195 Warwick Road Kensington London W14 8PU - (44) 071 603 2285
• KINGS LYNN - 48/49 High Street Kings Lynn Norfolk PE33 1BE - (44) 0553 768881
• KINGS ROAD G - 120 Kings Road Chelsea London SW3 4TR - (44) 071 823 7550
• KINGSTON G - 32/33 Market Place Kingston Upon Thames Surrey KT1 1JH - (44) 081 549 0055
• KINGSTON HB - C/O Sainsbury Homebase 229/253 Kingston Road New Malden Surrey Kingston KT3 3RU - (44) 081 949 7861
• LANCASTER - Unit 1A/1B St. Nicholas Arcades Lancaster Lancashire - (44) 0524 843921
• LEAMINGTON SPA - 108 The Parade Leamington Spa Warwickshire CV32 4AQ - (44) 0926 314584
• LEEDS - Church Institute 9 Lands Lane Leeds W. Yorks LS1 6AW - (44) 0532 450622
• LEEDS HB - C/O Sainsbury Homebase King Lane Moortown Leeds W. Yorks LS17 5NY - (44) 0532 685010
• LEICESTER - 6 Eastgate Leicester Leicestershire LE1 4FB - (44) 0533 513165
• LEICESTER HB - C/O Sainsbury Homebase 37 Putney Road Welford Road Leicester Leicestershire LE2 7TF - (44) 0533 546075
• LINCOLN - 310 High Street Lincoln Lincolnshire LN5 7DR - (44) 0522 511611
• LLANIDLOES - 30 Great Oak Street Llanidloes Powys SY18 6BW - (44) 0686 412557
• LUTON HB - C/O Sainsbury Homebase Enterprise Way Luton Bedfordshire LU3 4BW - (44) 0582 593445
• MAIDSTONE - 8/10 King Street Maidstone Kent ME14 1DE - (44) 0622 750138
• MAIDSTONE HB - C/O Sainsbury Homebase Aylesford Retail Park London Road Maidstone Kent ME20 7TP - (44) 0622 715400
• MANCHESTER - 28 King Street Manchester M2 6AY - (44) 061 834 7335
• MARBLE ARCH - 449/451 Oxford Street Marble Arch London W1 1DA - (44) 071 355 1363
• MIDDLESBROUGH - 48 Linthorpe Road Middlesborough Cleveland TS1 1RA - (44) 0642 226034
• MILL HILL HB - C/O Sainsbury Homebase Pentavia Retail Park Watford Way Mill Hill London NW7 - (44) 081 203 7740
• MILTON KEYNES - 40/42 Midsummer Arcade Milton Keynes Bucks MK9 3BB - (44) 0908 660190
• MILTON KEYNES HB - C/O Sainsbury Homebase 800 Grafton Gate West Milton Keynes Bucks MK9 1DJ - (44) 0908 692727
• NEW SOUTHGATE HB - C/O Sainsbury Homebase 3 Station Road New Southgate London N11 1QJ - (44) 081 368 1698
• NEWCASTLE-UNDER-LYME - 4547 High Street Newcastle-Under-Lyme Staffs ST5 1PN - (44) 0782 662014
• NEWCASTLE-UNDER-LYME HB - Sainsbury Homebase 33 Brook Lane Newcastle-Under-Lyme Staffs ST5 3HU - (44) 0782 711752
• NEWPORT I.O.W. - 36 High Street Newport Isle Of Wight PO33 2HT - (44) 0983 821806
• NORTHAMPTON G - Unit 3B Peacock Place Northampton Northants NN1 2DP - (44) 0604 231975
• NORTHAMPTON HB - C/O Sainsbury Homebase Victoria Promenade Northampton Northants NN1 1HH - (44) 0604 234143
• NORWICH - 19 London Street Norwich Norfolk NR2 1JE - (44) 0603 632958
• NORWICH HB - Rownstree Ways Mousehold Lane C/O Sainsbury Homebase Sprowston Norwich Norfolk NR7 8SH - (44) 0603 417474
• NOTTINGHAM - Unit 16 Clumber Street Nottingham Notts NG1 3GA - (44) 0602 503366
• NOTTINGHAM HB - C/O Sainsbury Homebase Castle Marina Park Castle Boulevard Nottingham Notts NG7 1GY - (44) 0602 413885
• OLDBURY HB - C/O Sainsbury Homebase 50 Halesowen Street Warley Oldbury W. Midlands B69 2AN - (44) 021 544 7333
• ORPINGTON HB - C/O Sainsbury Homebase Sevenoaks Way Orpington Kent BR5 3HQ - (44) 0689 890353
• OXFORD CIRCUS - 256-258 Regent Street London W1R 5DA - (44) 071 437 9760
• OXFORD G - 26/27Cornmarket Street Oxford Oxon OX1 3BY - (44) 0865 791689
• OXFORD HB - C/O Sainsbury Homebase Horspath Driftway

Headington Oxford OX3 7JN - **(44) 0865 747979**
- **PENGE HB** - C/O Sainsbury Homebase 45 Oakfield Road Penge London SE20 8RB - **(44) 081 778 4214**
- **PERTH** - 189/191 High Street Perth Scotland PH1 5UN - **(44) 0738 623141**
- **PETERBOROUGH** - 90 Queensgate Centre Peterborough Cambridgeshire PE1 1NS - **(44) 0733 311766**
- **PLYMOUTH** - Unit 5 The Armada Centre Mayflower St. Plymouth Devon PL1 1LE - **(44) 0752 268344**
- **PRESTON** - 32 Fishergate Preston Lancashire PR1 2ED - **(44) 0772 202425**
- **RAYLEIGH WEIR HB** - C/O Sainsbury Homebase 23 Stadium Way Benfleet Essex SS7 3UB - **(44) 0268 745374**
- **READING** - 75/76 Broad Street Reading Berkshire RG1 2AP - **(44) 0734 594313**
- **READING HB** - C/O Sainsbury Homebase 50 Kenavon Drive Reading Berks RG1 3DH - **(44) 0734 584572**
- **RICHMOND HB** - C/O Sainsbury Homebase Manor Road Richmond Surrey TW9 4QA - **(44) 081 876 2235**
- **RICHMOND** - 44/45 George Street Richmond Surrey TW9 1HJ - **(44) 081 940 9556**
- **ROCHESTER HB** - C/O Sainsbury Homebase Horstead Retail Park Maidstone Road Chatham Rochester Kent HE5 9M - **(44) 0634 200088**
- **ROMFORD HB** - C/O Sainsbury Homebase Rom Valley Way Romford Essex RM7 0AJ - **(44) 0708 730326**
- **SALISBURY** - 7 New Canal Salisbury Wiltshire SP1 2AA - **(44) 0722 338383**
- **SHEFFIELD** - 87 Pinstone Street Sheffield S. Yorkshire S1 2HJ - **(44) 0742 701855**
- **SHEFFIELD HB** - C/O Sainsbury Homebase 401 Chesterfield Road Woodseats Sheffield S. Yorkshire S8 ORW - **(44) 0742 555175**
- **SHEFFIELD MEADOWHALL** - 56 Park Lane Meadowhall Centre Sheffield S. Yorkshire S9 1EL - **(44) 0742 568221**
- **SHREWSBURY** - Unit SU2 Charles Darwin Centre Pride Hill Shrewsbury Shropshire SY1 1BN - **(44) 0743 351467**
- **SHREWSBURY BY POST** - Unit 19 Charles Darwin Centre Shrewsbury Shropshire SY1 1BN - **(44) 0743 352525**
- **SKIPTON** - Unit 13 Craven Court High Street Skipton N. Yorkshire BD23 1DGS - **(44) 0756 700301**
- **SOLIHULL** - 124 High Street Solihull W. Midlands B91 3SX - **(44) 021 704 4344**
- **SOUTHAMPTON** - 2 Above Bar Church Southampton Hampshire SO1 0FE - **(44) 0703 228944**
- **SOUTHAMPTON HB** - C/O Sainsbury Homebase Auckland Road Off Millbrooke Road West Millbrooke Southampton SO1 4 - **(44) 0703 510098**
- **SOUTHPORT** - 465/467 Lord Street Southport Merseyside PR9 0AQ - **(44) 0704 546214**
- **ST. ALBANS** - 13 Market Place St. Albans Herts AL3 5DR - **(44) 0727 864611**
- **STOCKPORT** - 2 Warren Street Stockport Cheshire Stockport SK1 IUD - **(44) 061 474 7927**
- **STOCKPORT HB** - C/O Sainsbury Homebase 4 Great Portwood Street Stockport Cheshire SK1 2HH - **(44) 061 474 7489**
- **STRATFORD UPON AVON** - 41/42 Henley Street Stratford Upon Avon Warwickshire CV37 6QV - **(44) 0789 298852**
- **STREET SALE** - Unit 5 Clarks Village Factory Shopping Scheme Street Somerset BA16 0BB - **(44) 0458 840405**
- **SUTTON** - Units 3/4 Times 2 Shopping Centre High Street Sutton Surrey SM1 1LF - **(44) 081 643 9790**
- **SUTTON COLDFIELD** - 164 The Parade Gracechurch Centre Sutton Coldfield W. Midlands B72 1PH - **(44) 021 355 3671**
- **SWANSEA HB** - C/O Sainsbury Homebase Quay Parade Swansea Glamorgan SA1 8JP - **(44) 0792 650935**
- **SWINDON** - 19E Regent Street Swindon Wiltshire SN1 1JL - **(44) 0793 641727**
- **SWINDON HB** - C/O Sainsbury Homebase Ashworth Road Bridgmead Swindon Wilts SN5 7YN - **(44) 0793 487125**
- **TAUNTON** - 2/4 High Street Taunton Somerset TA1 3PG - **(44) 0823 288202**
- **TENTERDEN** - 19/21 High Street Tenterden Kent TN30 6BN - **(44) 0580 765188**
- **TORQUAY** - 74 Fleet Street Torquay Devon TQ2 5EB - **(44) 0803 291443**
- **TRURO** - Unit 27 Pydar Street Truro Cornwall TR1 2AR - **(44) 0872 223019**
- **TUNBRIDGE WELLS** - 61 Calverley Road Tunbridge Wells Kent TN1 2UY - **(44) 0892 534431**
- **TUNBRIDGE WELLS HB** - C/O Sainsburys Homebase Broadwater Lane West Station Tunbridge Wells TN2 5QL - **(44) 0892 546646**
- **WAKEFIELD HB** - C/O Sainsbury Homebase Ings Road Wakefield W. Yorkshire WF1 1RS - **(44) 0924 387011**
- **WALSALL HB** - C/O Sainsbury Homebase 1 Bradford Place Walsall W. Midlands WS1 1PL - **(44) 0922 29524**
- **WALSGRAVE HB** - C/O Sainsbury Homebase 459 Ansty Road Walsgrave Coventry CV2 3BQ - **(44) 0203 602086**
- **WALTHAM CROSS HB** - C/O Sainsbury Homebase Sturlas Way Waltham Cross Herts EN8 7BE - **(44) 0992 625275**
- **WALTHAMSTOW HB** - C/O Sainsbury Homebase 2C Fulbourne Road Walthamstow London E17 4EE - **(44) 081 531 8233**
- **WATFORD** - Unit 3 1 The Parade High Street Watford Herts WD1 1LQ - **(44) 0923 254411**
- **WATFORD HB** - C/O Sainsbury Homebase 114 St. Albans Road Watford Herts WD2 4BX - **(44) 0923 252075**
- **WILLESDEN HB** - C/O Sainsbury Homebase 473 High Road Willesden London NW10 2JH - **(44) 081 459 3989**
- **WILMSLOW** - 17 Grove Street Wilmslow Cheshire SK9 5EG - **(44) 0625 535331**
- **WIMBLEDON HB** - C/O Sainsbury Homebase 1 Weir Road, Off Durnsford RD Wimbledon London SW19 8UG - **(44) 081 946 9802**
- **WINCHESTER** - 126 High Street Winchester Hants SO23 9AX - **(44) 0962 855716**
- **WINDSOR G** - 32 Peascod Street Windsor Berkshire SL4 1EA - **(44) 0753 854345**
- **WINDSOR LAH** - 99 Peascod Street Windsor Berkshire SL4 1DH - **(44) 0753 831456**
- **WOLVERHAMPTON** - 54/55 Dudley Street Wolverhampton W. Midlands WV1 3EF - **(44) 0902 27293**
- **WORCESTER** - Crown Passage Broad Street Worcester Worcestershire WF1 3LL - **(44) 0905 20177**
- **WORCESTER HB** - C/O Sainsbury Homebase Hylton Road Worcester Worcestershire WR2 5JW - **(44) 0905 420401**
- **WORLE HB** - C/O Sainsbury Homebase Northworle District Centre Queens Way Weston-Super-Mare, Worle Avon - **(44) 0934 512628**
- **WORTHING** - Units 1/2 Montague Centre Worthing W. Sussex BN11 1YU - **(44) 0903 205160**
- **YEOVIL** - 28 Vicarage Walk Quedem Centre Yeovil Somerset BA20 1EX - **(44) 0935 79863**
- **YORK** - 7 Davygate York N. Yorkshire YO1 2QR - **(44) 0904 627707**
- **YORK HB** - C/O Sainsbury Homebase Junction Of Monkgate/Fossbank York N. Yorkshire YO3 7JB - **(44) 0904 643911**

EXTRÊME-ORIENT

JAPON

- **MITSUKOSHI SHINJUKU 6F** - 3-29-1 Shinjuku, Shinjuku-ku, Tokyo - **03 3225 7389**
- **MITSUKOSHI YOKOHAMA 2F** - 1-2-7 Kita-saiwai, Nishi-ku, Yokohama City - **045 323 1683**
- **MITSUKOSHI NIHONBASHI 2F** - 1-4-1 Nihonhashi Muromachi, Chuo-ku, Tokyo - **03 3241 5617**
- **MITSUKOSHI IKEBUKURO 3F** - 1-5-7 Higashi Ikebukuro, Toshima-ku, Tokyo - **03 3987 6074**
- **KINTETSU ABENO 4F** - 1-1-43 Abenosuji, Abeno-ku, Osaka - **06 625 2332**
- **HITSUKOSHI BANDAI 1F** - 1-3-30 Bandai, Niigata City - **025 243 6333**
- **KAWANISHI HANKYU 1F** - 26-1 Sakamachi, Kawanishi City - **0727 56 1622**
- **TOKYU 4F** - 2-24-1 Dohgenzaka, Shibuya-ku, Tokyo - **03 3477 3836**
- **CHIBA MITSUKOSHI 2F** - 2-6-1 Fujimi, Chuo-ku, Chibà City - **04 3227 4731**
- **KEIO SHINJUKU 2F** - 1-1-4 Nishi-Shinjuku, Shinjuku-ku, Tokyo - **03 3344 0080**
- **TAMA SOGO 1F** - 1-46-1 Ochiai, Tama City - **0423 39 2450**
- **HANKYU UNEDA 6F** - 8-7 Sumidacho, Kita-ku, Osaka - **06 365 0793**
- **MITSUKOSHI HIROSHIMA 6F** - 5-1 Ebisucho, Naka-ku, Hiroshima City - **082 241 5055**
- **SAIKAYA YOKOSUKA 2F** - 1-10 Ohtakicho, Yokosuka City - **0468 23 1234**
- **SAIKAYA KAWASAKI 1F** - 1 Ogawacho, Kawasaki-ku, Kawasaki City - **044 211 8581**
- **MITSUKOSHI GINZA 7F** - 4-6-16 Ginza, Chuo-ku, Tokyo - **03 3561 4050**
- **YOKOHAMA PRINCE HOTEL B2** - 3-13-1 Isogo, Isogo-ku, Yokohama City - **045 754 4655**
- **HAKATA IZUTSUYA 2F** - 1-1 Hakataeki Chuogai, Hakata-ku, Fukuoka City - **092 452 2181**
- **SAPPORO TOKYU 6F** - Nishi 2-1, Kita 4-Jo, Chuo-ku, Sapporo City - **011 212 2658**
- **FUKUOKA TAMAYA 5F** - 3-7-30 Nakasu, Hakata-ku, Fukuoka City - **092 271 6588**
- **NAGOYA MITSUKOSHI 3F** - 3-5-1 Sakae, Naka-ku, Nagoya City - **052 252 1838**
- **SEISHIN SOGO 2F** - 5-9-4 Kohjidai, Nishi-ku, Kobe City - **078 992 1586**
- **KINTETSU KYOTO 1F (G)** - 7-Jo Minami, Karasumadori, Shimogyo-ku, Kyoto City - **075 365 8024, 8013**
- **BE ME MACHIDA DAIMARU 3F** - 6-2-6 Haramachida, Machida City - **0427 24 8174**
- **SANYO HIMEJI 3F** - 1 Minamicho, Hineji City - **0792 23 4792**
- **TENMAYA FUKUYAMA 2F** - 1-1 Motomachi, Fukuyama City - **0849 27 2214**
- **MITSUKOSHI MATSUYAMA 5F** - 3-1-1 Ichibancho, Matsuyama City - **0899 46 4829**
- **SAIKAYA FUJISAWA 3F** - 555 Fujisawa, Fujisawa City - **0466 27 1111**
- **MATSUZAKAYA YOKKAICHI 2F** - 1-3-31 Yasujima, Yokkaichi City - **0593 551241**
- **CITA TOKIWA 5F** - 2-1-4 Funaicho, Oita-City - **0975 33 1741**
- **MATSUZAKAYA NAGOYAEKI 6F** - 1-1-2 Meieki, Nakamura-ku, Nagoya City - **052 565 4339**
- **BON BELTA NARITA 1F** - 2-1-10 Akasaka, Narita City - **0476 23 3236**
- **BON BELTA ISEJIN MITO 1F** - 1-6-22 Izumicho, Mito City - **0292 28 1185**
- **HAMAMATSU MATSUBISHI 2F** - 124 Kajimachi, Hamamatsu City - **053 452 2941**
- **TOBU IKEBUKURO 6F** - 1-1-25 Nishi Ikebukuro, Toshima-ku, Tokyo - **03 3980 0041**
- **KAGOSHIMA MITSUKOSHI 6F** - 6-5 Gofukucho, Kagoshima City - **0992 39 4635**
- **SAGA TANAYA 1F** - 2-5 Nakano-koji, Saga City - **0952 28 0608**
- **KOBE HANKYU 5F** - 1-7-2 Higashi Kawasakicho, Chuo-ku, Kobe City - **078 360 7528**
- **KINTETSU NARA 5F** - 2-4-1, Saidaiji Higashimachi, Nara City - **0742 30 2751**
- **DAIMARU KOBE 5F** - 40 Akashi-cho Chuo-ku, Kobe City - **078 333 4079**
- **HIROSHIMA SOGO 5F** - 6-27 Motomachi, Naka-ku, Hiroshima City - **082 225 2955**
- **GINZA** - 6-10-12 Ginza, Chuo-ku, Tokyo - **03 3571 5011**
- **YAGOTO** - 2-4-A Aza Ishizaga, Kouji-machi Shouwaku Nagoya - **052 836 7086**
- **KICHIJOJI** - 2-4-14 Kichijoji Honcho, Musashino City, Tokyo - **0422 21 1203**
- **JIYUGAOKA** - 1-26-18 Jiyugaoka, Meguro-ku, Tokyo - **03 3724 0051**
- **YOKOHAMA L.M.P.** - 2-2 Minatomirai, Nishi-ku, Yokohama City - **045 222 5308**
- **SHITUYA** - 12-17 Udagawacho, Shibuya-ku, Tokyo - **03 3464 5011**
- **FUTAKO TAMAGAWA** - Tamagawa Takashimaya SC 2F, 3-17-1 Tamagawa, Setagaya-ku, Tokyo - **03 3708 3151**
- **SAPPORO FACTORY** - Kita 2 jou, Higashi 4, Chuo-ku Sapporo - **011 207 4021**
- **GIFU MELSA** - Gifu Melsa 3F, 1-15 Tetsumeidori, Gifu City - **0582 66 3136**
- **FUKUOKA TENJIN** - 2-10-2 Tenjin, Chuo-ku, Fukuoka City - **092 716 7415**
- **ROKKO ISLAND** - Kobe Fashion Mart 1F, 6-9 Naka, Koyocho, Higashinada-ku, Kobe City - **978 857 8119**

HONG KONG

- **HONG KONG SEIBU** - Shop 352A, Level 3, Seibu Department Store, Two Pacific Place, 88 Queensway, Hong Kong - **852 801 7849**
- **HONG KONG SOGO** - Level 1, Sogo Department Store, East Point Building, 555 Hennessy Road, Causeway Bay, Hong Kong - **852 891 1767**

TAIWAN

- **TA-LEE ISETAN** - N° 59 Wu-fu 3rd Road, Kaohsiung, Taiwan, R.O.C. - **886 7 241 8860**
- **PACIFIC SOGO** - 9F, Pacific Sogo Dept. Store, N° 45, Sec. 4, Chung Hsiao E. Rd., Taipei, Taiwan, R.O.C. - **886 2740 9662**
- **SHIN KONG MITSUKOSHI** - N° 66, Sec. 1, Chung Hsiao W. Rd., Taipei, Taiwan, R.O.C. - **886 2 382 4859**

SINGAPOUR

- **SINGAPORE SOGO** - Annex By Sogo Dept. Store, 250 North Bridge Road Raffles City Tower, Singapore 0617 - **65 334 1014**
- **ISETAN SCOTTS** - Isetan Scotts Dept. Store, Orchard Road, Scotts, Singapore - **65 735 0495**

EUROPE

- **Laura Ashley** - Holzgraben 1-3 - 52062 Aachen - Allemagne - **(49) 241030316**
- **Laura Ashley** - 4, Rue Joseph Cabassol - 13100 Aix-en-Provence - France - **(33) 42273192**
- **Laura Ashley** - Leidsestraat 7 - 1017 NS Amsterdam - Pays-Bas - **(31) 20 6228087**
- **Laura Ashley** - Frankrijklei 27 - 2000 Antwerpen - Belgique - **(32) 32343461**
- **Laura Ashley** - Bakkerstraat 17 - 6811 EG Arnhem - Pays-Bas - **(31) 85 430250**
- **Laura Ashley** - Karlstrasse 15 - 86150 Augsburg - Allemagne - **(49) 821154021**
- **Laura Ashley** - Paseo de Gracia 19 bis - 08007 Barcelona - Espagne - **(34) 34125490** magasin **(34) 34123874** bureau
- **Laura Ashley** - Stadthausgasse 18 - 4051 Basel - Suisse - **(41) 612619757**
- **Laura Ashley** - Tauentzienstrasse 21-24 - 10789 Berlin - Allemagne - **(49) 302183016**
- **Laura Ashley HF** - Kurfurstendam 23 - 10719 Berlin - Allemagne - **(49) 308826201**
- **Laura Ashley Vêtements** - Kurfurstendam 224 - 10719 Berlin - Allemagne - **(49) 308824934**
- **Laura Ashley** - Kornhausplatz 2/Marktgasse 2 - 3011 Bern - Suisse - **(41) 313120696**
- **Laura Ashley** - Niedernstrasse 14 - 33602 Bielefeld - Allemagne - **(49) 521177188**
- **Laura Ashley** - Sternstrasse 23 - 53111 Bonn - Allemagne - **(49) 228654908 - (49) 228653930**
- **Laura Ashley** - 2, Place du Palais 33000 Bordeaux - France - **(33) 56441030**
- **Laura Ashley** - Soegestrasse 54 - 28195 Bremen - Allemagne - **(49) 421170443**
- **Laura Ashley Vêtements** - 81-83, rue de Namur 1000 Bruxelles - Belgique - **(32) 25128639**
- **Laura Ashley HF** - 45 rue de Namur 1000 Bruxelles - Belgique - **(32) 25120447**
- **Laura Ashley** - Au Printemps, Centre Commercial Parly 2, Avenue Charles de Gaulle 78150 Le Chesnay - France - **(33) 139542244 (voir Parly 2)**
- **Laura Ashley** - 16, rue du 11 Novembre 63000 Clermont-Fer-

rand - France - (33) 73312205
• Laura Ashley - Hoogstraat 32 - 2513 AS Den Haag - Pays-Bas - (31) 70 3600540
• Laura Ashley - 18-20, rue Piron 21000 Dijon - France - (33) 80300444
• Laura Ashley - Westenhellweg 60-62 - 44137 Dortmund - Allemagne - (49) 231141009
• Laura Ashley - 7 Dawsonstreet Dublin 2- Irlande - (35) 3714247
• Laura Ashley Shop - Hunsrueckenstrasse 43 - 40213 Düsseldorf - Allemagne - (49) 211327000
• Laura Ashley Press Office - Hunsrueckenstrasse 43 - 40213 Düsseldorf - Allemagne - (49) 211132874
• Laura Ashley Office - Monschauerstrasse 1 - 40549 Düsseldorf - Allemagne - (49) 2115048035 - (49) 2115048033
• Laura Ashley - Demer 24a - 5611AS Eindhoven - Pays-Bas - (31) 40 435022
• Laura Ashley - Goethestrasse 3 - 60313 Frankfurt - Allemagne - (49) 69288791 (49) 69288792
• Laura Ashley - 8, Rue de Verdaine 1204 Genève - Suisse - (41) 2233113494 vêtements (41) 2233103018 HF
• Laura Ashley - Volderstraat 15 - 9000 Gent - Belgique - (32) 92240819
• Laura Ashley Discount - Usines Center, lot 56 Paris Nord 2 95500 Gonnesse - France - (33) 148632587 voir Usines Center
• Laura Ashley Warehouse - 29, rue Gay-Lussac 95500 Gonnesse - France - (33) 139874642
• Laura Ashley - Hans-Sachsgasse 4 - 8010 Graz - Autriche - (43) 316844398
• Laura Ashley - Zwanestraat 27 - 9712 CJ Groningen - Pays-Bas - (31) 50 185060
• Laura Ashley - Neuer Wall 39 - 20354 Hamburg - Allemagne - (49) 40371173
• Laura Ashley - Georgestrasse 36 - 30159 Hannover - Allemagne - (49) 511326919
• Laura Ashley Atelier - Engelseweg 210 b - 5705 AJ Helmond - Pays-Bas - (31) 4920 54600 atelier (31) 4920 53364 expéditions
• Laura Ashley Pers. Shop. - Engelseweg 210 b - 5705 A/J Helmond - Pays-Bas - (31) 4920 53777
• Laura Ashley - Maria-Theresien-Strasse 34 A - 6020 Innsbruck - Autriche - (43) 512579254 (43) 512579257
• Laura Ashley - Kaiserstrasse 104 - 76133 Karlsruhe - Allemagne - (49) 72125968
• Laura Ashley - Hohestrasse 160/168 - 50667Köln - Allemagne - (49) 2212580470
• Laura Ashley - 25, rue de la Grande Chaussée 59800 Lille - France - (33) 20069006
• Laura Ashley - Landstrasse 32 - 4020 Linz - Autriche - (43) 70797700
• Laura Ashley - 76, Grand Rue 69002 Luxemburg - (352) 221320
• Laura Ashley - 98, rue du Président Édouard Herriot 69002 Lyon - France - (33) 78371819
• Laura Ashley - Maastrichterbrugstraat 8 - 6211 GL Maastricht - Pays-Bas - (31) 43250972
• Laura Ashley - 4 via Brera 20121 Milan - Italie - (39) 286463532 boutique (39) 2875859 bureaux
• Laura Ashley - Sendlingerstrasse 37 - 80331 München - Allemagne - (49) 892608224
• Laura Ashley - Ludgeristrasse 79 - 48143 Münster - Allemagne - (49) 35142272
• Laura Ashley - 4, rue des Dominicains 54000 Nancy - France - (33) 83352109
• Laura Ashley - 16, rue Crébillon 44000 Nantes - France - (33) 40731718
• Laura Ashley - 5, rue de la Liberté 06000 Nice - France - (33) 93160693
• Laura Ashley - Ludwigsplatz 7 - 90403 Nürnberg - Allemagne - (49) 91124518
• Laura Ashley - Galeries Lafayette, vêtements, 40 boulevard Haussmann 75009 Paris - France - (33) 142823456
• Laura Ashley - Galeries Lafayette 40 Boulevard Haussmann 75009 Paris - France - (33) 142820411
• Laura Ashley - Printemps, vêtements, Nouveau Magasin, 64 boulevard Haussmann 75009 Paris - France - (33) 142825210
• Laura Ashley - Printemps, HF, Le Printemps de la Maison, 64 boulevard Haussmann 75009 Paris - France - (33) 142824420
• Laura Ashley - 94, rue de Rennes 75006 Paris - France - (33) 145484389
• Laura Ashley - 261, rue Saint-Honoré 75001 Paris - France - (33) 142868413
• Laura Ashley - 95, avenue Raymond Poincaré 75016 Paris - France - (33) 145012473
• Laura Ashley - Au Printemps, Centre Commercial Parly 2, Avenue Charles de Gaulle 78150 Le Chesnay - France - (33) 139542244 voir Le Chesnay
• Laura Ashley - Lijnbaan 63 - 3012 EL Rotterdam - Pays-Bas - (31) 10 4148535
• Laura Ashley - 19, rue du Gros Horloge 76000 Rouen - France - (33) 35702002
• Laura Ashley - Judengasse 11 - 5020 Salzburg - Autriche - (43) 662840344
• Laura Ashley - 2, rue du Temple Neuf 67000 Strasbourg - France - (33) 88751890
• Laura Ashley - Breitestrasse 2 - 70173 Stuttgart - Allemagne - (49) 7112261064
• Laura Ashley - Au Printemps, Centre Commercial Grand Var, Avenue de l'Université 83160 La Valette/Toulon - France - (33) - 94218958 voir La Valette
• Laura Ashley - 50, rue Boulbonne 31000 Toulouse - France - (33) 61213885
• Laura Ashley Discount - Usines Center, lot 56, Paris Nord 2 95500 Gonnesse - France - (33) 148632587 voir Gonnesse
• Laura Ashley - Oude Gracht 141 - 3511 AJ Utrecht - Pays-Bas - (31) 30313051
• Laura Ashley - Au Printemps, Centre Commercial Grand Var, Avenue de l'Université 83160 La Valette - France - (33) 94218958 voir Toulon
• Laura Ashley - Au Printemps, Centre Commercial Velizy 2, Avenue de l'Europe 78140 Velizy - France - (33) 134886600 niveau 2 (33) 139568766 niveau 3
• Laura Ashley - Weihburggasse 5 - 1010 Vienna - Autriche - (43) 15129340 bureaux (43) 15129312 boutique
• Laura Ashley - Langgasse 30 Wiesbaden - Allemagne - (49) 611302086
• Laura Ashley - Augustinergasse 21 - 8001 Zürich - Suisse - (41) 12211394

AUSTRALIE
SUD
Victoria 97 Elizabeth Street Melbourne Vic 3000 - 03 602 1268
Shop 356 Melbourne Central Level 3 Lonsdale Street Melbourne Vic 3000 - 03 663 7096
1036 High Street Armadale Vic 3043 - 03509 3365
781 Burke Road Camberwell Vic 3124 - 03 882 3986
Shop 69 Level 2 Westfield Shoppingtown Doncaster Vic 3108 - 03 840 1487
Shop 49 Level 2 Market Square Moorabool Street Geelong Vic 3220 - 052 21 3709
236 Swan Street Richmond Vic 3121 - 03 427 9268
112-132 Buckhurst Street South Melbourne Vic 3205 - 03 690 9666
Laura Ashley at David Jones Bourke Street Melbourne Vic 3000 - 03 655 1680
Como Gaslight Gardens 299 Toorak Road South Yarra Vic 3141 - 03 827 4735
South Australia
70 Rundle Mall Adelaide SA 5000 - Tel. : 08 232 5211 Fax : 08 232 6050
Western Australia
City Arcade Hay Street Perth WA 6000 - Tel. : 09 321 2391 Fax : 09 321 5467
Laura Ashley at Ahern's Karrinyup Shopping Centre Karrinyup WA 6018 - 09 445 1177
Tasmania
Centrepoint Murray Street Hobart Tas 7000 - Tel. : 002 34 3484 Fax : 002 31 3751
NORD
New South Wales
114 Castlereagh Street Sydney NSW 2000 - Tel. : 02 261 2458 Fax : 02 283 3623
Mezzanine Level Centrepoint Castlereagh Street Sydney NSW 2000 - 02 232 2829
The Gallery Lemon Grove Chatswood NSW 2067 - 02 419 5352
3 Transvaal Avenue Double Bay NSW 2028 - 02 327 1799
1-3 Mandalong Road Mosman NSW 2088 - 02 968 1314
Shop 12 Level 1 Macquarie Shopping Centre North Ryde NSW 2113 - 02 805 0665
Shop 2.41 Garden City Shopping Centre Kotara NSW 2289 - Tel. : 049 56 2836 Fax : 049 387 1493
Laura Ashley at David Jones Chatswood NSW 2088 - 02 411 9113
A.C.T.
Ground Level Woden Plaza Canberra ACT 2601 - Tel. : 06 285 2378 Fax : 06 285 4026
Laura Ashley at David Jones Civic ACT 2600 - Tel. : 06 274 3309
Queensland
Level 1 Myer Centre Queen Street Brisbane QLD 4000 - Tel. : 07 229 3982 Fax : 07 210 0597
Laura Ashley by post
Mail Order/Customer Services P.O - Box 367 South Melbourne Vic 3205 - Toll-free 008 033 453 Fax : 03 690 9381

ÉTATS-UNIS
• ALBANY - Crossgates Mall 120 Washington Ave. Ext. Albany NY - (1) (518) 452 4998
• ALEXANDRIA - 821 S. Washington Street Alexandria VA - (1) (701) 739 2144
• ANN ARBOR - 516 E. Washington Street Ann Arbor MI - (1) (313) 747 6620
• ANNAPOLIS - 139 Main Street Annapolis MD - (1) (410) 268 6906
• ARDMORE - 42 Saint James Place Sububan Square Ardmore PA - (1) (215) 896 8293
• ARDMORE - 29 On The Square Ardmore PA - (1) (215) 896 0208
• PENTAGON CITY - Pentagon City-Suite S-10 1100 South Hayes Street Arlington VA - (1) (703) 415 2111
• BUCKHEAD - 1 West Place Ferry Road Buckhead Atlanta GA - (1) (404) 842 0102
• ATLANTA-LENOX - Lenox Square 3393 Peachtree Road Atlanta GA - (1) (404) 231 0685
• ATLANTA-PERIMETER - Perimeter Mall 4400 Ashford Dunwoody Rd. Atlanta GA - (1) (404) 395 6027
• AUSTIN - Highland Mall 1224 6001 Airport Blvd. Austin TX - (1) (512) 451 4036
• BAL HARBOUR - 9700 Collins Avenue Shop 220 Bal Harbour FL - (1) (305) 864 5628
• BEACHWOOD - 203 Beachwood Place 26300 Cedar Road Beachwood OH - (1) (216) 831 7621
• BIRCH RUN - Space F-230, Birch Run Commons 12150 South Beyer Rd. MI - (1) (517) 624 9297
• BIRMINGHAM - 2000-220 Riverchase Galleria Mall Birmingham AL - (1) (205) 987 7566
• BIRMINGHAM - 2000-220 Riverchase Galleria Mall Birmingham AL - (1) (205) 985 0090
• HILTON HEAD - 1024 Highway 278-Box E-2, Suite 20B Low Country Factory Outlet Bluffton SC - (1) (803) 837 2366
• BOCA RATON - 180 Town Center Mall Boca Raton FL - (1) (407) 368 5622
• BOSTON - 83 Newbury Street Boston MA - (1) (617) 536 0505
• BOSTON - 75 Arlington Street Boston MA - (1) (617) 357 5151
• BRIDGEWATER COMMON - 400 Commons Way Suite 117 Bridgewater NJ - (1) (908) 725 3700
• VANCOUVER - 1171 Robson Street Vancouver British Columbia CD - (1) (604) 688 8729
• BUFFALO - Walden Galleria Space D-116 Buffalo NY - (1) (716) 681 8600
• BURLINGAME - 1375 Burlingame Avenue Burlingame CA - (1) (415) 344 1774
• BURLINGTON/VERMONT - 23 Curch Street Burlington VT - (1) (802) 658 5006
• BURLINGTON/BOSTON - Burlington Mall, Space-32 Rte. 128 & Middlesex Tpk. Burlington MA - (1) (617) 272 4540
• CALGARY - Banker's Hall-Suite 340 315 8th Avenue S.W. Calgary, Alberta CD - (1) (403) 269 4090
• CAMBRIDGE - Charles Square 5 Bennett Street Cambridge MA - (1) (617) 576 3690
• CARMEL - Carmel Plaza-Ocean & Missions St. P.O. Box 2033 Carmel-by-the-Sea CA - (1) (408) 624 8095
• HARRIMAN - Woodbury Common Factory Outlet Rt. 32, Space C-9 Central Valley NY - (1) (914) 928 4561
• CHARLESTON - Charleston Place 146 Market Street Charleston SC - (1) (803) 723 3967
• CHARLOTTE - South Park Shopping Center 4400 Sharon Road-Sp. G-8 Charlotte NC - (1) (704) 362 0926
• CHARLOTTESVILLE - Barracks Rd Shopping Center 1025 Emmet Street Charlottesville VA - (1) (804) 971 7707
• CHATTANOOGA - Hamilton Place Mall 148 2100 Hamilton Place Blvd. Chattanooga TN - (1) (615) 855 5496
• CHESTNUT HILL - The Mall at Chestnut Hill 199 Boylston Street Chestnut Hill MA - (1) (617) 965 5687
• CHESTNUT HILL - The Mall at Chestnut Hill 199 Boylston Street Chestnut Hill MA - (1) (617) 965 7640
• GERMANTOWN-PA - 8520 Germantown Avenue Chestnut Hill PA - (1) (215) 242 9262
• CHICAGO - Watertower Place 835 N. Michigan Ave. Chicago IL - (1) (312) 951 8004
• CINCINNATI - Kenwood Towne Ctr. U-213 7875 Montgomery Road Cincinnati OH - (1) (513) 891 0192
• CINCINNATI - Kenwood Towne Ctr. R-19 7875 Montgomery Road Cincinnati OH - (1) (513) 793 5535
• COLUMBUS City Center - 342 Columbus City Ctr. Dr. Columbus OH - (1) (614) 224 5057
• CORTE MADERA - 1636 Redwood Highway Village at Corte Madera Corte Madera CA - (1) (415) 924 5770
• COSTA MESA - South Coast Plaza 2255 3333 Bristol Street Costa Mesa CA - (1) (714) 545 7927
• COSTA MESA - South Coast Plaza 2255 3333 Bristol Street Costa Mesa CA - (1) (714) 545 9322
• GCC/CRANSTON - Garden City Center 45 Hillside Road Cranston RI - (1) (401) 946 1211
• DALLAS-GALLERIA - 13350 Dallas Parkway Suite 1585 Dallas TX - (1) (214) 980 9858
• DALLAS-NORTHPARK - 423 North Park Center Dallas TX - (1) (214) 369 5755
• DALLAS-NORTHPARK - 612 Northpark Center Dallas TX - (1) (214) 691 6871
• DANBURY - Danbury Fair Mall, Suite 2737 Backus Avenue Danbury CT - (1) (203) 790 5068
• DAYTON - Shops of Oakwood 2426 Far Hills Avenue Dayton OH - (1) (513) 299 9007
• DENVER - 1439 Larimer Street Denver CO - (1) (303) 571 0050
• CHERRY CREEK - Cherry Creek Shopping Ctr. 3000 E. First Avenue 267 Denver CO - (1) (303) 322 9403
• CHERRY CREEK - Cherry Creek Shopping Ctr.3000 E. First Avenue Denver CO - (1) (303) 322 9401
• DES MOINES - Kaleidoscope at The Hub 555 Walnut St., Suite 218 Des Moines IA - (1) (515) 243 8881
• DESTIN - Silver Sands Factory Shops, Suite 121 5101 Highway 98 East Destin FL - (1) (904)
• EDINA - Galleria Shopping Center 3505 West 69th Street Edina MN - (1) (612) 920 2811
• SHERWAY GARDENS - Sherway Gardens 25 The West Mall, Suite J6 Etobicoke, Ontario CD - (1) (416) 620 7222
• FAIRFAX/FAIR OAKS - 11822 Fair Oaks Mall Fairfax VA - (1) (703) 352 7960
• HARTFORD - 279 West Farms Mall Farmington CT - (1) (203) 561 4870
• HARTFORD - 294 West Farms Mall Farmington CT - (1) (203) 521 8967

• FORT LAUDERDALE - Galleria Mall 2492 East Sunrise Blvd. Fort Lauderdale FL - (1) (305) 563 2300
• FORT WORTH - 213 Hulen Mall Fort Worth TX - (1) (817) 346 4666
• FREEPORT - 58-60 Main Street Freeport ME - (1) (207) 865 3300
• MEMPHIS - Saddle Crk Shopping Ctr. 36 7615 West Farmington Blvd. Germantown TN - (1) (901) 756 7036
• GILROY - The Outlets at Gilroy 8300 Arroyo Circle Drive Gilroy - (1) (408)
• GLENDALE - 2153 Glendale Galleria Glendale CA - (1) (818) 242 0428
• GRAND RAPIDS - Woodland Mall 3175 28th Street, S.E. Grand Rapids MI - (1) (616) 942 6828
• WILMINGTON - 4009 Kennett Pike One Greenville Crossing Greenville DE - (1) (302) 575 1653
• GREENWICH - 321 Greenwich Ave. Greenwich CT - (1) (203) 661 5678
• GROSSE POINTE - 17100 Kercheval Avenue Grosse Pointe MI - (1) (313) 886 6960
• RIVERSIDE - 207 Riverside Square Mall Route 4 West Hackensack NJ - (1) (201) 488 0130
• RIVERSIDE - 257 Riverside Square Mall Route 4 West Hackensack NJ - (1) (201) 342 1222
• HINGHAM - 66 South Street Hingham MA - (1) (617) 740 4122
• HONOLULU - 1450 Ala Moana Center Space 2246 Honolulu HI - (1) (808) 942 5200
• HOUSTON-GALLERIA - Suite 2120 5015 Westheimer Houston TX - (1) (713) 871 9669
• HOUSTON-GALLERIA - Suite 2170 5015 Westheimer Houston TX - (1) (713) 622 2262
• HOUSTON/WEST OAKS - Suite 124 1000 West Oaks Mall Houston TX - (1) (713) 558 6113
• INDIANAPOLIS - 8702 Keystone Crossing Fashion Mall Indianapolis IN - (1) (317) 848 9855
• JACKSONVILLE - The Jacksonville Landing, Ste. 155 2 Independent Drive Jacksonville FL - (1) (904) 358 7548
• JEFFERSONVILLE - 8250 Factory Shop Blvd. Ohio Factory Shops Jeffersonville OH - (1) (614) 948 2016
• KANSAS CITY - 320-324 West 47th St. Country Club Plaza Kansas City MO - (1) (816) 531 0731
• KANSAS CITY - 320-324 West 47th St. Country Club Plaza Kansas City MO - (1) (816) 931 2810
• KANSAS CITY - 308 West 47th St. Country Club Plaza Kansas City MO - (1) (816) 531 8971
• KING OF PRUSSIA - Court at King of Prussia 338 Mall Boulevard King of Prussia PA - (1) (610) 354 9137
• KING OF PRUSSIA - Court at King of Prussia 338 Mall Boulevard King of Prussia PA - (1) (610) 354 9137
• KNOXVILLE - Melrose Place 5614 Kingston Pike Knoxville TN - (1) (615) 558 6385
• LAKE FOREST - 272 Market Square Lake Forest IL - (1) (708) 615 1405
• LANCASTER - 35 South Willowdale Drive Rockvale Square Box 103 Lancaster - (1) (717) 397 7116
• LEXINGTON - Victorian Square 401West Main Street Lexington KY - (1) (606) 253 1724
• LITTLE ROCK - 3016 Park Plaza Mall 6000 West Markham Little Rock AR - (1) (501) 666 0272
• LONDON - Galleria London 355 Wellington Street London, Ontario CD - (1) (519) 434 1703
• BEVERLY CENTER - Suite 739 121N. La Cienega Blvd. Los Angeles CA - (1) (310) 854 0490
• CENTURY CITY - Century City Shopping Center 10250 Santa Monica Blvd. Los Angeles CA - (1) (310) 553 0807
• LOUISVILLE - Louisville Galleria Space 109 Louisville KY - (1) (502) 585 2424
• MANHASSET - 2042 Northern Blvd. Americana Shopping Mall Manhasset NY - (1) (516) 365 4636
• TYSON'S CORNER - Tysons Corner Center 1961 Chain Bridge Road Mc Lean VA - (1) (703) 827 0074
• MIAMI - The Falls 373 8888 Howard Drive Miami FL - (1) (305) 233 8911
• MILWAUKEE - The Grand Avenue, Suite 2037275 W. Wisconsin Ave. Milwaukee WI - (1) (414) 347 1930
• RIDGEDALE - Ridgedale Mall 12711 Wayzala Boulevard Minnetonka MN - (1) (612) 546 4613
• MONTGOMERY - 2769 Montgomery Mall East South Boulevard Montgomery AL - (1) (205) 284 7011
• MONTREAL - 2110 Crescent Street Montreal, Quebec CD - (1) (514) 284 9225
• MYRTLE BEACH - Outlet Park at Waccamaw 3301 Outlet Blvd. 125 Myrtle Beach SC - (1) (803) 236 4244
• NASHVILLE - The Mall at Green Hills 2148 Abbot Martin Road Nashville TN - (1) (615) 383 0131
• NEW HAVEN - 260-262 College Street New Haven CT - (1) (203) 782 9436
• NEW ORLEANS - Canal Place Mall 333 Canal Place, Suite 211 New Orleans LA - (1) (504) 586 8652
• NEW ORLEANS - 333 Canal Street 151 Canal Place Fashion New Orleans LA - (1) (504) 522 9403
• NYC - WESTSIDE - 398 Columbus Avenue New York City NY - (1) (212) 496 5110
• NYC - MADISON AVE. - 714 Madison Ave. New York City NY - (1) (212) 735 5000
• NYC - 57th STREET - 21 East 57th Street New York City NY - (1) (212) 752 7300
• NYC - SOUTH ST. SEAPORT - 4 Fulton Street New York City NY - (1) (212) 809 3555
• NEWPORT - 18 Bowen's Wharf America's Cup Avenue Newport RI - (1) (401) 846 6980
• WHITE FLINT - White Flint Mall 11301 Rockville Pike North Bethesda MD - (1) (301) 230 0081
• WHITE FLINT - White Flint Mall 11301 Rockville Pike North Bethesda MD - (1) (301) 984 3223
• NORTHBROOK - 2160-2164 Northbrook Ct. Northbrook IL - (1) (708) 480 1360
• DETROIT - 12 OAKS - Twelve Oaks Mall 27498 Novi Rd., Suite A Novi MI - (1) (313) 348 9260
• OAKBROOK - 224 Oakbrook Center Oakbrook IL - (1) (708) 572 9195
• OKLAHOMA CITY - 50 Penn Place 1900 Northwest Expressway Oklahoma City OK - (1) (405) 848 6252
• OMAHA - One Pacific Place 10331 Pacific Street Omaha NE - (1) (402) 390 2085
• ORLANDO - Quality Outlet Center 5529 International Drive Orlando FL - (1) (407) 351 2785
• OSAGE BEACH - Factory Outlets Village Highway 54, Box D-10 Osage Beach MO - (1) (314) 348 1337
• OTTAWA - 136 Bank Street Ottawa, Ontario CD - (1) (613) 238 4882
• OWINGS MILLS - Owings Mills Town Center 10300 Mill Run Circle 1062 Owings Mills MD - (1) (410) 363 2455
• PALM BEACH - 320 Worth Avenue Palm Beach FL - (1) (407) 832 3188
• PALM BEACH GARDENS - The Gardens Space M-207 3101 PGA Boulevard Palm Beach Gardens FL - (1) (407) 624 5901
• PALM SPRINGS - 469 Desert Fashion Mall 123N. Palm Canyon Drive Palm Springs CA - (1) (619) 322 2099
• PALO ALTO - 12 Stanford Shopping Center Palo Alto CA - (1) (415) 328 0560
• PARAMUS PARK - 221 Paramus Park Paramus NJ - (1) (201) 599 0650
• PHOENIX - Biltmore Fashion Park 2478 E. Camelback Rd. Phoenix AZ - (1) (602) 956 6043
• ROSS PARK - 1000 Ross Park Mall Dr. Ross Park Mall - Space E3 Pittsburgh PA - (1) (412) 367 8881
• SHADYSIDE - Hartwell Building 5401 Walnut Street Pittsburgh PA - (1) (412) 621 0735
• PLEASANTON - 2651 Stoneridge Mall Space G-211 Pleasanton CA - (1) (510) 463 8714
• PORTLAND - 419 S.W. Morrison Street Portland OR - (1) (503) 224 0703
• POTOMAC MILLS - 2700 Potomac Mills Circle Suite 909 Prince William VA - (1) (703) 494 3124
• PRINCETON - Palmer Square 46 Nassau Street Princeton NJ - (1) (609) 683 4760
• PRINCETON - 39 Palmer Square West Princeton NJ - (1) (609) 683 1300
• RALEIGH - Crabtree Valley Mall 4325 Glenwood Avenue Raleigh NC - (1) (919) 781 1076
• READING - 830 Oley Street The Reading Outlet Center Reading PA - (1) (610) 478 9604
• REDONDO BEACH - Galleria South Bay 132 1815 Hawthorne Blvd. Redondo Beach CA - (1) (310) 542 6228
• REDONDO BEACH - Galleria at So. Bay 132 1815 Hawthorne Blvd. Redondo Beach CA - (1) (310) 542 4436
• RICHMOND - The Commercial Block 1217 East Cary Street Richmond VA - (1) (804) 644 1050
• REGENCY SQUARE - 1404 Parham Rd. Regency Square Mall Richmond VA - (1) (804) 740 1406
• JACKSON/RIDGELAND - North Park Mall, Suite 207 1200 East Country Line Road Ridgeland MS - (1) (601) 957 9063
• RIDGEWOOD - 171 E. Ridgewood Avenue Ridgewood NJ - (1) (201) 670 0868
• ROCHESTER - Centerplace Galleria 111 South Broadway Rochester MN - (1) (507) 287 1073
• SACRAMENTO - 531 Pavilions Lane Sacramento CA - (1) (916) 923 5696
• SALT LAKE CITY - 267 Trolley Square 602 East & 500 South Salt Lake City UT - (1) (801) 363 8408
• SAN ANTONIO - North Star Mall - Suite 1224 7400 San Pedro San Antonio TX - (1) (210) 377 2833
• SAN DIEGO - 247 Horton Plaza Space 265 San Diego CA - (1) (619) 234 0663
• SAN DIEGO - UTC - 4505 La Jolla Village Dr. Suite C-21 San Diego CA - (1) (619) 452 6116
• SAN FRANCISCO - POST ST. - 253 Post Street San Francisco CA - (1) (415) 788 0190
• SAN MARCOS - 3939 I.H. 35 South Suite 610 San Marcos TX - (1) (512) 396 5570
• SANTA ANA - Mainplace/Santa Ana 2800 North Main Street Santa Ana CA - (1) (714) 834 1211
• SANTA BARBARA - 3891 State Street Santa Barbara CA - (1) (805) 682 8878
• SAN JOSE - Valley Fair Mall-Suite 1031 2855 Stevens Creek Blvd. Santa Clara CA - (1) (408) 244 3551
• VERNON HILLS - 696 White Plains Road Scarsdale NY - (1) (914) 723 8500
• WOODFIELD - G-303 Woodfield Mall Schaumberg IL - (1) (708) 240 1910
• WOODFIELD - F-331 Woodfield Mall Schaumberg IL - (1) (708) 619 9110
• SEATTLE - 405 University Street Seattle WA - (1) (206) 343 9637
• SECAUCUS - 10 Enterprise Ave., North Secaucus NJ - (1) (201) 863 3066
• SHORT HILLS - The Mall at Short Hills Short Hills NJ - (1) (201) 467 5657
• SHORT HILLS - The Mall at Short Hills Short Hills NJ - (1) (201) 564 9600
• SHORT HILLS - The Mall at Short Hills Short Hills NJ - (1) (201) 467 5657
• OLD ORCHARD - 20 Old Orchard Shopping Center Skokie IL - (1) (708) 673 6604
• SOUTHAMPTON - 87 Main Street Southampton NY - (1) (516) 287 2104
• STAMFORD - Stamford town Center 214 100 Grey Rock Place Stamford CT - (1) (203) 324 1067
• STAMFORD - Stamford Town Center 229 100 Gray Rock Place Stamford CT - (1) (203) 359 9902
• QUEBEC - 2452 Blvd. Wilfred Laurier Ste. Foy, Quebec CD - (1) (418) 659 6660
• STONYBROOK - 139 Main Street Stony Book NY - (1) (516) 689 6622
• ST. AUGUSTINE - 2700 S.R. 16, Suite 815 St. Augustine Outlet Center St. Augustine FL - (1) (904) 823 9533
• ST. LOUIS-FRONTENAC - 74 Plaza Frontenac St. Louis MO - (1) (314) 993 4410
• TAMPA - 718 Village Circle South Olde Hyde Park Village Tampa FL - (1) (813) 253 2177
• YORKDALE - Yorkdale Shopping Center 3401 Dufferin Street Toronto, Ontario CD - (1) (416) 256 2040
• TORONTO - 18 Hazelton Avenue Toronto, Ontario CD - (1) (416) 922 7761
• TOWSON TOWN CENTER - Unit 432 Towson Town Center 825 Dulaney Valley Road Towson MD - (1) (410) 825 0362
• TROY - 2801 W. Bigbeaver - Space G239 Somerset Collection Troy MI - (1) (810) 649 0890
• TULSA - 1846 Utica Square Tulsa OK - (1) (918) 749 5001
• TULSA - 1846 Utica Square Tulsa OK - (1) (918) 749 5001
• WALNUT CREEK - 1163 Broadway Plaza Walnut Creek CA - (1) (510) 947 3932
• WALNUT CREEK - 1171 Broadway Plaza Walnut Creek CA - (1) (510) 947 5920
• CHEVY CHASE - Chevy Chase Pavillion 120 5345 Wisconsin Ave., NW Washington DC - (1) (202) 686 4331
• CHEVY CHASE - Chevy Chase Pavillion - 120 5345 Wisconsin Ave., NW Washington DC - (1) (202) 686 4333
• CHEVY CHASE - Mazza Gallerie 5300 Wisconsin Ave., NW Washington DC - (1) (202) 686 1200
• WASHINGTON - 3213 M Street NW Georgetown Washington DC - (1) (202) 338 5481
• WESTPORT - 85-89 Main Street Westport CT - (1) (203) 226 7495
• WILLIAMSBURG - Merchants Square 422 W. Duke of Gloster St. Williamsburg VA - (1) (804) 229 0353
• AMANA - Tanger Factory Outlet Center Tanger Drive, Suite 502 Williamsburg VA - (1) (319) 668 1555
• BAYVIEW - 2901 Bayview Avenue Bayview Village Shpng. Ctr. Willowdale, Ontario CD - (1) (416) 223 9507
• WINNIPEG - Portage Place-Unit 227 393 Portage Avenue Winnipeg, Manitoba CD - (1) (204) 943 3093
• WINSTON SALEM - 3320 Silas Creek Parkway Suite 740 Winston-Salem NC - (1) (919) 760 3733
• ORLANDO-WINTER PARK - 290 Park Avenue North Winter Park FL - (1) (407) 740 8900
• WOODBURY COMMON - Woodbury Common Shpng. Ctr. 8285 Jericho Tpke. 25 Woodbury NY - (1) (516) 367 2810
• WOODLAND HILLS - 279 Promenade Mall 6100 Topanga Canyon Blvd. Woodland Hills CA - (1) (818) 346 7560
• COLUMBUS/WORTHINGTON - 108 Worthington Square Worthington Square Mall Worthington OH - (1) (614) 433 9011

CRÉDITS PHOTOGRAPHIQUES

Arcaid 26 en bas, 27 (Richard Bryant), 31 en haut, 32, 35, 76 et 83 (Richard Bryant) ; Laura Ashley 17 en bas, 37, 38 ; 45 en haut, 60 en haut, 62 en haut, 67, 69 en haut, 70, 71, 73 en haut et en bas, 74, 75, 79, 81 en haut, 84 en bas, 85, 88 en haut, 89 à droite ; Michael Boys Syndication 13 en bas, 22 ; The Bridgeman Art Library 24 ; Andreas Einseidel 23 en bas ; Michael Freeman 10, 28 en haut, 29 ; Lars Hallén 25 en haut ; Robert Harding Picture Library 11, 14 en bas, 15, 19, 30, 31 en bas, 34 en haut, 40, 41, 42 en haut, 46, 47 en haut, 51 à gauche, 59, 60 en bas, 63 en haut et en bas, 64 en haut et en bas, 68 à gauche, 72, 78 en bas, 80, 81 en bas, 84 en haut, 86, 87, 88 en bas, 90 en haut et en bas, 91 en haut (Gwenan Murphy), 92 en haut et en bas, 93 ; Lorrie Mack 36 (Shona Wood), 45 en bas, 61 en haut (Bill Strites) ; Ianthe Ruthven 12, 13 en haut, 14 en haut, 17 en haut, 20 à gauche, 21 en haut et en bas, 43, 44, 47 en bas, 48, 50, 51 à droite, 52, 53, 58, 77, 82, 89 en haut, 91 en bas ; Paul Ryan 26 en haut, 33, 78 en haut, 89 à gauche ; Fritz von der Schulenberg 8, 20 à droite, 28 en bas, 61 à gauche, 66 ; Elizabeth Whiting & Associates 18, 23 en haut, 25 en bas, 34 en bas, 42 en bas, 49, 62 en bas, 65, 68 à droite.

REMERCIEMENTS

Les éditeurs tiennent à remercier les personnes et organismes suivants, dont la participation a été précieuse lors de l'élaboration de cet ouvrage : Sinclair Till, 791-793 Wandsworth Road, London SW8 ; Fired Earth, Middle Aston Oxon and Crucial Trading PO Box 689, London W8 4BX qui ont prêté des revêtements de sol ; Maggie Hadden qui a fait les tapis avec des chiffons et Diane Hadden qui a réalisé les coussins ; Bill et Julia James ; Lizzie et James Staples ; Liz Woodhouse ; Pavilion Antiques, Freshford ; Pia Tryde ; et Spriggs Florists, Petworth qui a prodigué idées et conseils tout au long de la 4e partie de cet ouvrage : LES ACCESSOIRES

INDEX

Les chiffres en caractères gras font référence aux légendes et illustrations